中国武术段位制系列教程
Textbook Series of Chinese Wushu Duanwei System

中国武术段位制考评标准

八卦掌
Baguazhang

中国武术段位制考评标准

中国武术协会 审定

中国武术段位制系列教程

国家体育总局武术研究院 组编

高等教育出版社·北京
HIGHER EDUCATION PRESS · BEIJING

审委会名单

《中国武术段位制系列教程》审委会名单

主　　任：王筱麟　蔡龙云

副 主 任：王玉龙　吴　彬　刘　援

委　　员（以姓氏笔画为序）：

习云太　王培锟　邓昌立　冯志强　江百龙
刘宝山　刘鸿雁　朱瑞琪　李旺华　陈顺安
陈雁飞　周之华　庞林太　郭瑞祥　曾乃梁
温佐惠

《中国武术段位制系列教程》编委会名单

名誉主任：于再清

名誉副主任：杨贵仁　刘志鹏

主任委员：高小军

副主任委员：陈国荣　龙　杰　卢　逊

主　　编：康戈武

副　主　编：门惠丰　邱丕相

编　　委（以姓氏笔画为序）：

王世泉	王建华	王常凯	毛明春	冯宏芳	孙永田
关铁云	朱宝珍	肖彤岭	李成银	李恒昌	吴光宇
吴连枝	吴信良	佟庆辉	沙俊杰	陈小旺	陈正耀
陈亚斌	邵建功	张希贵	张维福	杨　丽	杨振铎
和有禄	周盟渊	洪　浩	钟振山	郭志禹	栗胜夫
钱源泽	梁以全	曹京华	程大力	曾于久	

编务办公室主任：冯宏芳　曹京华

成　　员（以姓氏笔画为序）：

马　剑	马爱民	王开文	王立峰	田金龙	冯宏鹏
孙　刚	刘宇峰	刘　溯	李树栋	张学生	邱国勇
杨祥全	武世俊	屈国锋	姜　智	郭玉成	蔡宝忠

本册执行主编：朱宝珍　沙俊杰

本册参编人员：

李　斌　张艳霞(执笔)　欧道生(执笔)　卯劲松(执笔)

赵大元　王　桐　麻连城

教学光盘演示：沙俊杰　李　斌

出版说明

《中国武术段位制》是中国武术协会制定的一项评价习武者武术水平的等级制度。以此为依据编写的《中国武术段位制系列教程》(以下简称"本系列教程"),旨在完备《中国武术段位制》的考评内容和等级标准。力求通过标准化段位技术体系的建立,推动武术运动广泛普及,促进武术流派百花齐放,引导习武者通过逐级晋段,循序渐进地了解和掌握武术知识体系和拳、械技术,达到科学锻炼身体的目的。

《中国武术段位制》的考评内容包括武德与武术礼仪、理论知识、技术技能3个方面。对高段位申报者,还要考评他们在武术理论方面的建树和对武术发展的贡献。缘此,本系列教程确定了《武德与武术礼仪》《中国武术史》《武术概论》3册理论教程和一册《中国武术段位制理论考试题解》;选编了长拳、少林拳、太极拳(陈、杨、吴、武、孙、和)、形意拳、八卦掌、通臂拳、戳脚、翻子拳、八极拳、螳螂拳、五祖拳、咏春拳12个拳种的17册教程,以及不受拳种限制的《趣味武术(段前级教程)》《武术功法》《自卫防身术》和《剑术》《短棍》《二节棍》3种器械教程。

《中国武术段位制》将习练武术的水平,由低到高分为段前级(一至三级)、初段位(一至三段)、中段位(四至六段)、高段位(七至九段)。一定的段位等级,通过一定的标准来界定。因此,制定统一的考评标准,明确不同段级间的标准差异是这套系列教程的重点。

在制定统一的技术标准方面,我们依据武术发展的内在规律,将"既可单练、又可对打、还能实战"的传统武术演练形式,确立为技术内容的结构标准。即每段技术内容的单练套路既能单练,拆分后又能进行对打套路的练习,还能以拆招形式体现实战技法,突出了传统武术"练打结合"的特色,体现了武术以攻防动作为运动素材和健身手段的本质,使习练者既掌握动作的操练方法,又懂得动作的攻防含义。

为了明确不同段级间的差异,本系列教程按照循序渐进、系统学习的原则,从技术元素、动作数量和难度3个方面进行了规范。

其一,以增加技术元素提高段级的标准。本套系列教程围绕武术各拳种、器械均包含的"打、踢、拿、靠、摔"5类技术元素,通过逐段增加新技术元素的方式,明确了一至五段技术内容,第六段技术内容是对上述5类技术元素的综合运用。例如,一段技术只有"打"的攻防方法;二段技术增加"踢"的攻防方法……依此类推,具体如下表所示:

打……………………………………………………一段技术元素
打、踢………………………………………………二段技术元素
打、踢、拿…………………………………………三段技术元素
打、踢、拿、靠……………………………………四段技术元素
打、踢、拿、靠、摔………………………………五段技术元素
综合(打、踢、拿、靠、摔)……………………六段技术元素

其二，以增加动作数量提高段级的标准。即在逐段增加技术元素的同时，循序渐进地增加动作数量。

其三，以加大动作难度提高段级的标准。即同一技术元素在由低到高的段级中，是通过由基础到衍生、由简易到繁难的顺序来表现的。例如，"打"是武术运动中最为基本、简易和被广泛使用的技术元素，被列为一段技术内容，同时也是二至六段的技术内容。而"打"的技术有"冲、劈、推、撩、托、盖"等多种表现形式和向左、右、前、后等不同方位，按照从基础到衍生、从简易到繁难的顺序，依次分为 6 份，分别编入一至六段。这样，通过变换技术元素的表现形式、加大单个动作（或组合动作）的难度，从整体上逐渐提高一至六段技术的难度。

《趣味武术（段前级教程）》《武术功法》和《自卫防身术》的段级技术内容同样遵循上述原则编定，既保证了本系列教程体例的统一，也保证了不同拳种教程同一段级的技术借鉴和技能互补。

按照逐段增加技术元素、动作数量和难度制定出的段位标准，不仅便于习练者明确段级间的差异；而且，随着段级的晋升，会逐步掌握所习拳种的技术体系，体现了循序渐进、系统学习的原则；还能有效避免学习内容挂一漏万、简单重复等问题。此外，由于这套系列教程均按此体例编写，就学习武术的基本技术元素而言，习练者不论练习哪个拳种，学习进度都是一致的，在达到某一个拳种的段位水平后，可以转学另一拳种的高一级别段位技术。

《中国武术段位制》考评内容的标准化和规范化，为顺利实施《中国武术段位制》标准化考试奠定了基础，有助于武术的发展和在国内外的广泛传播。此外，标准化还是多样化的基础。20 世纪 50 年代，由中国武术协会组编的二十四式简化太极拳，拉开了各式传统太极拳全面发展的序幕，是标准化带动武术流派百花齐放的突出例证。

本系列教程是根据 2007 年 10 月召开的"全国武术段位制工作会议"关于"段位评定从套段转入考段"的会议决议启动编写的。2008 年，国家体育总局武术研究院相继聘请了一百多位有代表性的民间武术传人和专家、学者，启动了段位考评内容的创编和配套教程的编写工作。2008 年 7 月，本系列教程通过中国武术协会的审定。评审委员会认为："《中国武术段位制系列教程》编写目的明确，体例得当，体现了传统性和时代性，段级标准与技术难度适宜，技术规范，拳种和器械风格突出，是一部学术性、代表性、可行性都值得肯定的作品，达到了发布实施的标准。"随后，编写人员又按照内容符合体例、图解符合规范的要求进行加工，再经专家审稿、出版编辑的加工才正式摄制教学片、拍摄技术图片、合成书稿。应该说，这套集众多传人和专家、学者的学识和智慧创编而成的系列教程，是一部将《中国武术段位制》的实施与继承、传播武术融为一体的精心之作。当然，对于这项崭新的系统工程而言，由于组织者、参编者业务水平的局限，不当之处在所难免，敬请读者指正。

这本《八卦掌》是《中国武术段位制系列教程》中的一种。本书在编写过程中得到了高继武、郭振亚、王尚智、任文柱、文大生先生的诚挚支持，特此致谢！

国家体育总局武术研究院
二〇一〇年十二月

凡例

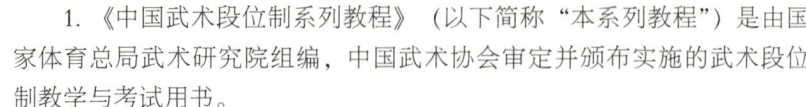

1. 《中国武术段位制系列教程》（以下简称"本系列教程"）是由国家体育总局武术研究院组编，中国武术协会审定并颁布实施的武术段位制教学与考试用书。

2. 本系列教程依据流传地域广阔、技理特点鲜明和适宜全民健身的原则，以博大精深的武术理论和技术体系为基础精选、精编而成。本系列教程包括理论教程4种、拳术教程17种、器械教程3种；不受拳、械种属限制的《趣味武术段前级教程》《武术功法》《自卫防身术》3种；共计27分册。

3. 本系列教程理论和技术分册，均独立成册。理论分册体例请详阅各册书首说明。技术分册均分概述、段位技术图解两章。其中，第一章介绍该系技术的历史沿革和基本技法；第二章介绍该系技术的初段位（一至三段）和中段位（四至六段）技术内容。段前级（一至三级）的技术内容单编一册《趣味武术（段前级教程）》。

4. 本系列教程遵循循序渐进的系统学习原则，从丰富的武术素材中提炼出基本技术元素，再由易到难、各有侧重地选取各段技术内容。例如，从各拳种徒手动作中提炼出"打、踢、拿、靠、摔"5类技术元素，依次随段位技术由低至高的提升，列为一至五段技术的侧重内容，6段技术内容是对5类技术元素的综合和提升。《趣味武术（段前级教程）》《武术功法》和《自卫防身术》亦依此进行素材筛选和分段编排。

5. 本系列教程按照"练打结合"的传统训练原则设计运动形式。每段技术内容的单练套路既能单练，拆分后又能进行对打套路的练习，还能以拆招形式体现实战技法，充分突出传统武术"既可单练、又能对打、还能实战"的技术要求。所以，同一动作在单练套路中强调动作规格，在对打套路中强调动作紧凑、配合默契，在拆招时则强调可用于搏击。也就是说，同一动作在3种练习形式中表现的动作幅度、节奏、劲力不尽相同。

6. 本系列教程技术分册的动作图解统一按照下述体例进行编写：

（1）每级段位技术套路（单练、对打）的预备式，不列入动作数。

（2）拆招图解中，均由两人并步直立开始，按动作的攻防含义进行进攻、防守或防守反攻，完成拆招动作即止，不再以直立姿势结束。

（3）动作名称采用形象化（传统）动作名称和描述性（现代）动作名称。如黑虎偷心（弓步冲拳），又如揽雀尾（原地掤、捋、挤、按）。分解动作的图题，只采用描述性名称。

（4）图号的编排方式为：章序号+节序号+本节成式动作序号。例："图2-1-1起势"，其中"2"表示第二章，第一个"1"表示第一节，第二个"1"表示第一节第一式动作，"起势"表示这一式动作的名称。

（5）图示中演练者的方向根据身体运动变化的方位，始终以面前为前、背后为后、左侧为左、右侧为右。

（6）图示中的运动路线：虚线（- - - -）表示左侧肢体下一个动作的运动轨迹，实线（——）表示右侧肢体下一个动作的运动轨迹，箭头（→）表示该部位的运动方向。

（7）对打套路和拆招图片中，甲方始终从右边起势，乙方始终从左边起势。

7. 本系列教程技术分册，均配有教学光盘。习练者借助教学光盘的直观性和运动性，借助纸质教材图解的准确性和理论性，可以互补互助地加强练习效果。

8. 图解中的用语，力求统一。如太极拳的"攦"统一为"挦"，"采"统一为"採"，"含胸"统一为"涵胸"，掩手肱捶、右二肱、倒卷肱、抹眉肱中的"肱"统一为"浛"等。

9. 本系列教程中的技术基本形态是指该拳、械最基本的、最常用的技术形态。型，指静止动作的肢体形状，如手型、步型等。态，指运动过程中的动态，如手法、步法等。这类形态，大多指人体局部肢体的单一动作环节，不是构成套路的单个动作形态。同一基本形态只在第一次出现时进行介绍。

10. 不论单练、对打或拆招练习，在预备式前、收势之后，均须向教师或对方行抱拳礼。这一要求未写入图解中，详见《武德与武术礼仪》。

目录

第一章 八卦掌概述 — 1
第一节 八卦掌的历史沿革 — 2
第二节 八卦掌的基本技法 — 4
一、对人体静型技法的要求 — 4
二、对人体动态技法的要求 — 5
三、对整体运动技法的要求 — 6
四、对攻防技法的要求 — 6

第二章 八卦掌段位技术图解 — 7
第一节 八卦掌一段技术图解 — 8
一、基本形态 — 8
二、单练套路 — 13
三、对打套路 — 18
四、拆招 — 23
第二节 八卦掌二段技术图解 — 26
一、基本形态 — 26
二、单练套路 — 27
三、对打套路 — 34
四、拆招 — 40
第三节 八卦掌三段技术图解 — 45
一、基本形态 — 45
二、单练套路 — 45
三、对打套路 — 52
四、拆招 — 58

第四节　八卦掌四段技术图解　　64
　　一、基本形态　　64
　　二、单练套路　　64
　　三、对打套路　　73
　　四、拆招　　81

第五节　八卦掌五段技术图解　　86
　　一、基本形态　　86
　　二、单练套路　　86
　　三、对打套路　　96
　　四、拆招　　104

第六节　八卦掌六段技术图解　　108
　　一、单练套路　　108
　　二、对打套路　　121
　　三、拆招　　132

附录　　139

第一章 八卦掌概述

第一节 | 八卦掌的历史沿革

八卦掌，原名"转掌"，是一个以八卦学说作为拳理基础，以绕圆走转和掌法变换为运动特点的拳术。后世传习者多以转掌走圈为其基本练习形式，似循八卦八个方位的连线，其技法讲究纵横交错、随走随变，其击法讲究临机应变、以变应变，合于《周易》中"刚柔相摩、八卦相荡"，运动不息、变化不止之理，而惯称之为八卦掌。

关于此拳的起源，曾有几种传说。据考证，八卦掌为清代河北省文安县朱家务村董海川（约1813—1882年）所创。此拳将极似道教"转天尊"的绕圆走圈导引术和武术的攻防方法融合成基本运动形式，采用"易理"论述拳术运动规律，形成"以动为本、以变为法"的基本拳理。大约1866年，董海川在北京肃王府传出八卦掌法后，其术很快盛传京津冀，并不断传播各地。八卦掌的技术和理论体系也随之迅速发展，形成了以牛舌掌和龙爪掌为特点的两种技术风格。在八卦掌传承过程中，董海川的弟子为日后的发展奠定了坚实的基础。其中尹福、程廷华、史计栋、梁振圃、张占魁、刘宝珍、樊志涌、刘凤春等，均为完善八卦掌体系、普及和提高八卦掌技艺作出了艰辛努力和重要贡献。

董海川

八卦掌以站桩和行步为基本功，主要掌法有老八掌和六十四掌。在八卦掌拳系中，不同支派传习的老八掌、六十四掌动作均不尽相同。据载，董海川首传转掌时，固定的组合练习形式只有老八掌。其弟子及后代传人将董海川平日所教授的若干招式编串成组，加以整理并发展为六十四数。常见的有经刘德宽初始整理、传留于北京的六十四式，经周玉祥及其弟子高义盛增删整理、留传于天津的六十四手，经吴峻山改编、整理传授于南京中央国术馆的六十四掌，经沙国政丰富创新、留传于云南等地的六十四掌。

近半个世纪以来，八卦掌得到了迅速发展。1961年，首次编辑出版的全国体育院校通用教材《武术》编入了八卦掌。1982年，北京市武术协会率先成立了八卦掌研究会。1993年，首届国际八卦掌联谊会在北京和文安举办。1994年，国家体委武术研究院和中国武术协会推出八卦掌普及教材《转掌八势》。这些举措，推动了八卦掌的普及和发展。

第二节 | 八卦掌的基本技法

一、对人体静型技法的要求

八卦掌的拳式丰富多彩，但是，不论拳式呈现为何种姿势，都符合一定的静型技法要求。这些要求可以归纳为：提顶顺项，松肩垂肘，畅胸实腹，缩肛溜臀，辧膝扣趾，梢拧根定、身如拧绳（图1-2-1）。

图1-2-1 身体各部位姿势要领

（1）提顶顺项：提顶，指头顶的百会穴有被上提之感，促成头部端正；顺项，指颈项顺随提顶之势而动，不影响头部端正。

（2）松肩垂肘：指两肩、两肘均要向下松垂。

（3）塌腕扣指：指手腕下塌，十指梢节用扣劲形成掌心涵空状。

（4）畅胸实腹：指通过两肩向下松垂并微向内扣合，使胸部空畅；配合腹式呼吸，使小腹充实。

（5）缩肛溜臀：指通过上提谷道，产生肛门内缩感，促成臀部回敛而溜圆的形态。

（6）辧膝扣趾：指两膝内扣，十趾抓地，形成足心涵空状。

（7）梢拧根定、身如拧绳：指两足（根节）沉实稳定，躯干、头和两手（梢节）拧动，通过臂拧、躯干拧、腿拧使整个身体处于拧绳状态。

二、对人体动态技法的要求

八卦掌运动时，人体四肢和躯干呈现出若行云流水般生生不息地绕圆、行圆的形态。展现这一动态技法需步若蹚泥、摆扣成圆；滚、钻、争、裹，逐节转旋；以动为本、以变为法。

(1) 步若蹚泥、摆扣成圆

① 步若蹚泥：是指迈步行走像蹚泥行进一样，术语称为蹚泥步。要做好蹚泥步，要求屈膝行走，足心涵空，两脚掌要平起、平移、平落。起步时，脚掌要用"蹬劲"平平提起，脚掌离地一寸左右；向前移动重心时，足尖要勾起，踝关节处有向前的"踢劲"。脚掌迈过支撑脚时，要靠近支撑脚踝部内侧"摩胫"而过。脚继续前迈时，脚尖有向前的"探劲"。落步时，要有整个脚掌平平向下的"踩劲"，以保持脚掌与地面平行落下；同时要五趾抓地，足心涵空。身体移动时，要保持重心稳定，不可忽高忽低。

② 摆扣成圆：是指通过摆步、扣步两种步法，形成绕圆走转的运动轨迹。只要走在圈内的脚摆步，走在圈外的脚扣步，就能走成圆圈。摆步、扣步的幅度越大，绕圆走转的圆圈就越小。

(2) 滚、钻、争、裹，逐节转旋

① 滚、钻、争、裹：是指八卦掌的四种劲法。在这四种劲法的支配下，人体的肢体运动产生圆转类活动。滚是肢体沿轴心旋转；钻是肢体在沿轴心旋转的同时又要形成螺旋前进；争是肢体外展产生的向外的转旋力；裹是肢体内合产生的向内的转旋力。滚和钻、争和裹是两对互相对抗而又统一一体为用的劲力。八卦掌的各种劲力表现，都是在这四种劲力的基础上产生的。

② 逐节转旋：是指在滚、钻、争、裹四劲的运使下，劲力导致外形动作按梢节起、中节随、根节催的原则进行。在全身螺旋式的运转中，节节相随、节节相催、节节贯通，上达于手、下达于足。

(3) 以动为本、以变为法：是处理动静关系的技法。在八卦掌运动中，将常规的"动"（如走圈）视为相对的"静"，而将在这种"静"的基础上进行的拳式变化（如换掌），视为"动"。在这种技法观念的指导下，演练八卦掌时，呈现出了运动不息、变化不止的技法特色。

三、对整体运动技法的要求

八卦掌运动对人体整体运动技法的要求可以概括为意、气、劲、形，合一集中。其中，意、气、劲的运动，隐藏于人体内部。形，指人体外部形态的变化。意、气、劲、形四者合一集中，就是在意识的指挥下，以气息引领劲力，以内导外，引起肢体（形）的运动。

四、对攻防技法的要求

八卦掌在攻防技法方面的要求可以概括为以动制静、避正驱斜、以斜打正。

（1）以动制静：八卦掌以动为本，强调对敌时要不停地运动，讲究以动制不动，以快动制慢动。通过不停地运动，并在运动中不断调整自己的方位来迷惑对手，使其难以找到我方的空隙，甚至受我诓诱；也以此等待战机、寻找战机、创造战机，达到以动制静的目的。

（2）避正驱斜：格斗时，八卦掌强调通过不停地走转周旋，避开对手的正面，寻找对手的背面、侧面；同时，也在走转中调整自己的体位，便于在我方正面正对对手背面或侧面时发起攻击，就能以小力打大力，从而取得胜利。

（3）以斜打正：八卦掌训练强调梢拧根定、身似拧绳，即通过训练来提高身体左右拧转幅度，练出"一出手防护三面，一动步照顾八方"的能力。也就是在两脚站定不动时，能通过腰的转动，将自己的左侧、右侧都转变成自己便于攻防的"正前方"。而"一动步"，不是摆步就是扣步，都能使身体产生转动。步转加上腰转，产生"一动步照顾八方"的效果。所以，在对方以我方为"斜"不便攻防时，我方常有看似"斜"，实是"正"的优势，从而出奇制胜。

第二章

八卦掌段位技术图解

第一节｜八卦掌一段技术图解

一、基本形态

（一）静型

1. 手型

（1）龙爪掌：立掌坐腕，五指分开，食指竖直，大指外张，虎口撑圆，其余四指梢节微扣，掌心凹空（图 2-1-1）。

（2）牛舌掌（侧立掌）：手掌前伸，大拇指侧向上，拇指内扣，四指并拢，掌心涵空，掌背微凸起形成瓦垅形（图 2-1-2）。

（3）仰掌：五指自然分开，指尖向前，掌心向上（图 2-1-3）。

（4）俯掌：五指自然分开，指尖向前，掌心向下（图 2-1-4）。

图 2-1-1　龙爪掌

图 2-1-2　牛舌掌

图 2-1-3　仰掌

图 2-1-4　俯掌

2. 步型

（1）弓步：前腿弯曲，脚尖向前，膝盖不超过脚尖；后腿绷直，脚尖斜向前，重心在两腿之间（图2-1-5）。

（2）马步：两脚平行开立，略宽于肩，脚尖向前，屈膝下蹲，大腿接近水平，重心在两腿之间（图2-1-6）。

图2-1-5 弓步　　　　　　　　　图2-1-6 马步

（3）半马步：两脚开立，略宽于肩，重心略偏向后脚，脚尖斜朝前，前脚脚尖朝前，全脚掌着地（图2-1-7）。

（4）虚步：屈膝半蹲，脚尖斜向前，后脚全脚掌着地，前脚脚尖点地，前虚后实（图2-1-8）。

图2-1-7 半马步　　　　　　　　图2-1-8 虚步

3. 身型（以右式为例）——鸿雁出群

上身直立，腰右转，面向圆心；屈左膝后坐，右脚在前，全脚掌着地，重心偏向左脚；右臂屈肘伸向右侧，右掌成龙爪掌，掌心向圆心，指尖高与眉齐；左掌塌腕，手心斜向左下，指尖靠近右肘；目视右掌。

鸿雁出群是八卦掌的重要身型。注意头部上顶，下颌微收，沉肩坠肘，空胸实腹，气沉丹田（图2-1-9）。

图2-1-9 鸿雁出群

（二）动态

1. 手法

（1）穿掌：牛舌掌向前方穿出，按手心方向不同可分为侧穿、仰穿、俯穿（图 2-1-10①~③）。

图 2-1-10　穿掌

（2）托掌：仰掌向前上方托起（图 2-1-11）。

（3）削掌：仰掌，借助前臂和手腕力量，小指外侧向前、向侧削砍（图 2-1-12）。

图 2-1-11　托掌　　　　　　　　图 2-1-12　削掌

（4）扇掌：五指分开，拇指向上，手腕放松，借助前臂和手腕力量，用掌背或掌心扇击对方（图 2-1-13）。

（5）塌掌：俯掌向前伸出，在快要接触对方时，猛然沉肩、塌腕，用掌根击打对方（图 2-1-14）。

图 2-1-13　扇掌　　　　　　　　图 2-1-14　塌掌

（6）外旋掌（外裹掌）：前臂外旋（逆时针旋转），小指侧沿拇指方向拧裹（图 2-1-15①②）。

图 2-1-15　外旋掌

（7）内旋掌（内裹掌）：前臂内旋（顺时针旋转），拇指侧沿小指方向拧裹（图 2-1-16①②）。

图 2-1-16　内旋掌

2. 步法

（1）摆步：一脚向前迈出，脚尖外摆落地，两膝略屈；松肩沉肘，头直目正，头部上顶，下颌微收（图 2-1-17）。

（2）扣步：一脚向前迈出，脚尖里扣落地，脚心涵空，两膝略屈；松肩沉肘，头直目正，头部上顶，下颌微收（图2-1-18）。

图 2-1-17 摆步　　　　　　　　　　图 2-1-18 扣步

（3）摆扣步：一脚上步外摆，另一脚上步内扣，成倒八字，两脚尖距离约一脚掌宽，两膝弯曲，身体的重心在两脚之间；松肩沉肘，头直目正，头部上顶，下颌微收（图2-1-19①②）。

图 2-1-19 摆扣步

（4）蹚泥步：左右脚依次上步，脚迈出时脚尖先探出，脚掌与地面平行，离地约一寸，随之过渡到全脚掌着地。要求两脚平移、平落，交替运动，犹如在稀泥中蹚行，如此不停，直线或沿圆走转。走转时，要求重心平稳，不能上下起伏（图2-1-20①②）。

图 2-1-20 蹚泥步

（5）闪步（以右闪步为例）：两脚前后开立，右脚向右侧迈步；左脚上步落于右脚前方，成左前右后开立（图2-1-21①~③）。

图2-1-21 闪步

（6）绕步（以右绕步为例）：两脚前后开立，左脚向右前方绕出一步，脚尖微向左外摆落地；右脚随即上步，内扣落于左脚前（图2-1-22①~③）。

图2-1-22 绕步

二、单练套路

以左式动作为例。

（一）动作名称

预备式：并步直立					
第一掌					
1	起势	2	立穿掌	3	绕步削掌
第二掌					
4	托塌掌	5	狮子张口	6	收势

(二) 动作图解

预备式：面向圆心，并步直立；两肩放松，两臂自然下垂。目视前方（图 2-1-23）。

图 2-1-23 并步直立

1. 起势：左鸿雁出群

(1) 身体右转 90°，侧对圆心（图 2-1-24①）。

(2) 两手心向上，向左右斜前方上举，稍高于肩时两臂内旋，下按至小腹前，掌指相对。两腿微屈膝（图 2-1-24②③）。

(3) 左脚向前迈出一步，重心后坐，身体微右转；左仰掌向前上方伸出，右仰掌置于左小臂上方（图 2-1-24④）。

(4) 身体左转，两手自右向上向左划弧摆至圆心方向，左手转至与头同高时，两手内翻，塌腕下按成龙爪掌；左手中指指尖高与眉齐，右手置于左肘侧。目视左手方向，成左鸿雁出群式（图 2-1-24⑤）。

(5) 左脚前移半步，左右脚依次上步，蹚泥步沿圆走转一圈至起始位置（图 2-1-24⑥~⑧）。

动作要点：沿圆走转时，身体左转，双手朝向圆心，两腿膝关节内侧、踝关节内侧要有轻微摩擦。身体自然放松，行走速度要均匀、平稳，不能有起伏。

① 身体右转

② 两臂上托

③ 屈膝下按

④ 上步穿掌

⑤左鸿雁出群　⑥左脚进步　⑦右脚上步　⑧左脚上步

图 2-1-24　起势

2. 立穿掌

（1）右脚扣步，左脚摆步；左手向下按至胸前，手心向下（图 2-1-25①②）。

（2）右脚沿圆周上步，右掌从左手上向前上方以牛舌掌侧掌穿出，高与眉齐。目视右掌（图 2-1-25③）。

动作要点：走转时摆扣步要到位，穿掌时四指并拢挺直，力达指尖。

①右脚内扣　②转身左摆步　③上步立穿掌

图 2-1-25　立穿掌

3. 绕步削掌

（1）右脚向左前方上步外摆，右手顺时针反手叼拿，手心向外，拇指向下（图 2-1-26①）。

（2）左脚沿圆周上步，脚尖着地，重心后坐；右手拉至右腰侧，左掌仰掌由左向前砍出。目视左掌（图 2-1-26②）。

动作要点：右手叼拿回带与左掌砍削同步，砍削力点在掌外沿。

图 2-1-26 绕步削掌

4. 托塌掌

（1）左脚收至右脚内侧，右掌向左上方拨，左掌收至腰间（图 2-1-27①）。

（2）左手仰掌从右手外屈肘上托，高与头齐，右手置于胸前（图 2-1-27②）。

（3）右脚沿圆周上步，右手俯掌向前平穿，沉肩塌腕（图 2-1-27③）。

动作要点：右掌前穿要有螺旋劲，塌掌要有寸劲。

图 2-1-27 托塌掌

5. 狮子张口

（1）左脚上步并于右脚内侧，身体略右转；左手弧形摆至左胯旁，手心斜向上；右手内旋至胸前，手心向下，两手如同抱球（图 2-1-28①）。

（2）左脚上步成三体步，左手经左腰侧，仰掌向前穿出，右手翻腕向上托架，手心向上，略高于头（图 2-1-28②）。

动作要点：左脚上步抱球、左手仰穿、右手托架要连续完成，动作要圆活自然。

图 2-1-28 狮子张口

6. 收势：左叶底藏花—右鸿雁出群

（1）左脚外摆，右脚上步内扣，身体左转；左手内旋，手心向外，拇指朝下，手臂撑圆；右手仰掌，插于左腋下，两手屈肘环抱；头向左转，目视左肘方向，背对圆心成左叶底藏花（图 2-1-29①）。

（2）身体右转，双掌向右上方仰掌弧形摆出，指向圆心。高与头齐时，两手同时内翻，塌腕下按，左掌置于右肘侧，成右鸿雁出群（图 2-1-29②）。

（3）以右鸿雁出群沿圆走转至起始位置（图 2-1-29③④）。

（4）两脚并步，两膝微屈；双仰掌向左右分开上举，与肩同高时两臂内旋翻掌下按至小腹前，掌指相对（图 2-1-29⑤⑥）。

（5）慢慢站直，两臂下垂，目视前方（图 2-1-29⑦）。

（6）身体右转 90°，面向圆心，目视前方（图 2-1-29⑧）。

⑤ 两臂上托　⑥ 起身下按　⑦ 并步直立　⑧ 身体右转

图 2-1-29　收势

说明：右式动作与左式动作相同，唯方向相反。

三、对打套路

以左式动作为例。

（一）动作名称

预备式：并步直立

	甲（第一掌）	乙（第二掌）
1	起势	起势
2	立穿掌	托塌掌
3	绕步削掌	狮子张口
4	收势	收势

（二）动作图解

预备式：甲乙并步直立（图 2-1-30）。

图 2-1-30　甲乙并步直立

1. 甲乙起势：左鸿雁出群

（1）乙方向后转（图 2-1-31①）。

（2）甲乙双手向左右斜前方上举，稍高于肩时两臂内旋，下按至小腹，掌指相对。两腿微屈膝（图 2-1-31②③）。

（3）甲乙左脚向前迈出一步，重心后坐，身体微右转。左仰掌向前上方伸出，右仰掌置于左小臂上方（图 2-1-31④）。

（4）甲乙身体左转，两手自右向上向左划弧摆至圆心方向，右手置于左肘侧。左手转至与头同高时，两手内翻，塌腕下按成龙爪掌，形成左鸿雁出群。甲乙目视左掌（图2-1-31⑤）。

（5）甲乙左脚前移半步，右脚、左脚依次上步，蹚泥步沿圆走转一圈至起始位置（图2-1-31⑥~⑧）。

⑦甲乙右脚上步

⑧甲乙左脚上步

图 2-1-31　甲乙起势

2. 甲立穿掌、乙托塌掌

（1）甲乙右脚上步内扣（图 2-1-32①）。

（2）甲方左脚上步外摆，身体左转；左手内翻向右向下按压乙方左腕。乙方随势左转（图 2-1-32②）。

（3）甲方右脚上步，右掌从左手臂上以侧立掌向乙方眉心位置穿出。乙方左脚撤步，右掌向左拨开甲方右穿掌（图 2-1-32③）。

（4）乙方左仰掌自甲方右小臂下向前上方穿出（或托右肘），右掌收于右腰间。甲方随势右转（图 2-1-32④）。

（5）乙方右脚进步，右掌俯掌前穿，接近甲方时塌腕，用掌根塌击甲方面部。甲方身体稍后缩（图 2-1-32⑤）。

动作要点：甲方穿掌力达指尖，乙方塌掌力达掌根。

①甲乙右脚扣步

②甲摆步压腕、乙随势左转

③甲上步立穿掌、乙右手左拨

图 2-1-32 甲立穿掌、乙托塌掌

3. 甲绕步削掌、乙狮子张口

（1）甲方右脚向左前方上步外摆，右手内翻，手心向外，大指向下，顺时针划弧叼拿乙方右腕。乙随势左转（图 2-1-33①）。

（2）甲方左脚上步，左掌仰掌由左向前砍削乙方颈部。乙方身体后缩（图 2-1-33②）。

（3）乙方右脚撤步，左脚上步成弓步；右手内翻上架甲方左手臂，左手仰掌虎口前叉甲方咽喉。甲方随势身体右转，右手按压外拨乙方左腕（图 2-1-33③）。

动作要点：甲方削掌用小指外侧，乙方抱球旋转要与身法配合，动作要连贯圆活。

图 2-1-33 甲绕步削掌、乙狮子张口

4. 甲乙收势：左叶底藏花—右狮子抱球

（1）甲乙左脚外摆，右脚上步内扣，身体左转；左手内旋，手心向外，拇指朝下，手臂撑圆，右手仰掌插于左腋下，两手屈肘环抱；头向左转，目视对方，背对圆心成左叶底藏花（图 2-1-34①）。

（2）甲乙身体右转，双掌向右上方仰掌划弧摆出指向圆心，高与头齐时，两手同时内翻，塌腕下按，左手仰掌置于右肘侧，成右鸿雁出群（图2-1-34②）。

（3）甲乙成右鸿雁出群沿圆走转至起始位置（图2-1-34③④）。

（4）甲乙两脚并步，两膝微屈；双手仰掌向左右斜前方上举，与肩同高时两臂内旋翻掌按至腹前，掌指相对（图2-1-34⑤⑥）。

（5）甲乙慢慢站直，两臂下垂，目视前方（图2-1-34⑦）。

（6）甲方身体向后转（图2-1-34⑧）。

①甲乙左叶底藏花

②甲乙右鸿雁出群

③甲乙右脚进步

④甲乙左脚上步

⑤甲乙两臂上托

⑥甲乙起身下按

图 2-1-34　甲乙收势

说明：右式对打与左式动作相同，唯方向相反。

四、拆招

1. 立穿掌拆招

（1）甲乙相对直立（图 2-1-35①）。

（2）乙方右脚上步，右拳（或掌）直击甲方胸部。甲方左手内翻向下压按乙方右腕（图 2-1-35②）。

（3）甲方右脚上步，右手以侧立掌向乙方喉部穿击（图 2-1-35③）。

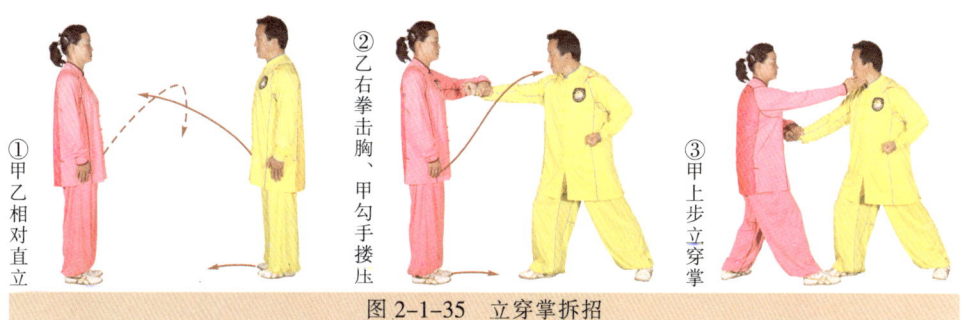

图 2-1-35　立穿掌拆招

2. 绕步削掌拆招

（1）甲乙相对直立（图 2-1-36①）。

（2）乙方右脚上步，右拳（或掌）直击甲方胸部。甲方右脚上步外摆，身体右转；右手内翻，手心向外，拇指侧向下，顺时针反手叼拿乙方右腕（图 2-1-36②）。

(3) 甲方左脚绕步，左小臂外旋，手心向上，自左向前，以左掌小指侧砍削乙方右颈（图 2-1-36③）。

图 2-1-36　绕步削掌拆招

3. 托塌掌拆招

(1) 甲乙相对直立（图 2-1-37①）。

(2) 乙方右脚上步，右拳直击甲方面部。甲方右侧立掌向左扇拍乙方右前臂（图 2-1-37②）。

(3) 甲方左手仰掌自右前臂下向前上方穿出，将乙方右前臂向左格出或托架乙方右肘（图 2-1-37③）。

(4) 甲方右脚上步，右手俯掌向前穿出，接近乙方时，掌根塌向乙方胸部（图 2-1-37④）。

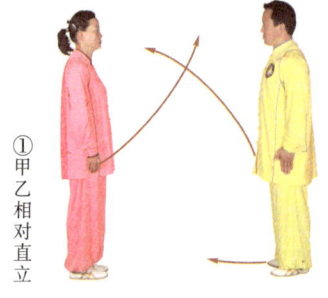 

图 2-1-37　托塌掌拆招

4. 狮子张口拆招

（1）甲乙相对直立（图 2-1-38①）。

（2）乙方右脚上步，右手仰掌砍削甲方颈部。甲方左手向上内旋翻掌托架乙方右肘（图 2-1-38②）。

（3）甲方右脚上步成右弓步，右手仰掌以虎口前叉乙方咽喉（图 2-1-38③）。

图 2-1-38　狮子张口拆招

第二节 八卦掌二段技术图解

一、基本形态

（一）静型——叶底藏花

背对圆心，两脚分开，双脚内扣成内八字，两膝内合。左手内旋，手心向外，大拇指朝下；右手外旋，由左臂腋下平穿，手心向上，两手屈肘环抱，腰左转。目视圆心（图2-2-1）。

动作要点：空胸实腹、头顶项领，两臂要有撑抱的拧裹劲。

图 2-2-1　叶底藏花

（二）动态——左穿掌式

（1）身体侧对圆心，两手俯掌按至小腹，手指相对，两膝微屈（图2-2-2①）。

（2）左脚向前迈出，重心在右脚，身体左转；左手以牛舌掌向前穿出后向左摆向圆心，手心向右，高与胸齐，右手以牛舌掌摆至左肘窝处。目视左手（图2-2-2②）。

图 2-2-2　左穿掌式

二、单练套路

以左式动作为例。

(一) 动作名称

预备式：并步直立

第一掌					
1	起势	2	平穿掌	3	转身拍掌
4	掳手撩阴掌	5	绕步双推掌		
第二掌					
6	摆步横肘	7	架手弹踢	8	片旋横推
9	搂压劈掌	10	收势		

(二) 动作图解

预备式：同一段单练套路（图2-2-3）。

1. 起势：左穿掌式

（1）同一段单练套路（图2-2-4①~③）。

（2）左脚向前迈出一步，重心在右脚；右手以牛舌掌向前穿出后向左摆向圆心，左手以牛舌掌摆至左肘窝处（图2-2-4④）。

（3）身体左转，左、右脚依次上步，沿圆走转至起始位置。目视左手方向（图2-2-4⑤~⑧）。

图2-2-3 并步直立

①身体右转

②两臂上托

③屈膝下按　④上步穿掌　⑤左穿掌式　⑥左脚进步　⑦右脚上步　⑧左脚上步

图 2-2-4　起势

2. 平穿掌

（1）右脚上步内扣，左脚上步外摆；左手内翻按至胸前，右手下按至右胯旁（图 2-2-5①②）。

（2）右脚沿圆上步，右掌俯掌从左手上向前上方穿出，高与眉齐。目视右掌（图 2-2-5③）。

动作要点：左转身时，摆扣步要到位；穿掌时，四指并拢挺直，力达指尖。

图 2-2-5　平穿掌

3. 转身拍掌

（1）身体左转，左脚上步外摆，右脚上步内扣，双脚成内八字；右手下落至左肩，手心向下（图2-2-6①②）。

（2）身体左转，左脚上步；左手俯掌向前拍出，右手落于右胯前，重心稍后坐。目视左掌（图2-2-6③）。

动作要点：左摆步、右扣步、左脚上步不能停顿，左拍掌时要手到脚到。

图 2-2-6　转身拍掌

4. 捋手撩阴掌

（1）身体右转，左脚向右绕步；左手沿顺时针方向向上、向下经左膝向左下搂，至左胯前，手心向下（图2-2-7①）。

（2）右脚上步成半马步，右手外旋向前撅撩（图2-2-7②）。

动作要点：右脚上步、右手前撩要同时进行，撩掌力点在掌根。

① 绕步捋手　　② 上步撩阴掌

图 2-2-7　捋手撩阴掌

5. 绕步双推掌

（1）右脚向左绕步，右手仰掌上穿（图 2-2-8①）。

（2）左脚并右脚，脚尖点地；双手合于胸前，手心朝里（图 2-2-8②）。

（3）左脚上步，右脚跟进；两手内旋，立掌向前推出（图 2-2-8③）。

动作要点：双推掌时要手到脚到，腰背发力。

① 绕步右抹　　② 双抹缩身　　③ 上步双推掌

图 2-2-8　绕步双推掌

6. 摆步横肘

（1）右脚外摆，右手仰掌自左肘上内旋，横肘向右后捋带，高与胸齐；左手随之停于左腰侧，手心向上。目视右手（图 2-2-9①）。

（2）身体姿势不变，左脚上步内扣，身体右转（图 2-2-9②③）。

动作要点：以腰带动发力，摆步与横肘上下相随。

① 横肘右转　　② 左扣步转身　　③ 继续转身

图 2-2-9　摆步横肘

7. 架手弹踢

（1）重心后移，两手交叉上架，略高于头，手心向前（图 2-2-10①）。

（2）右腿向前弹踢，脚面绷平，高与腹齐；两手向左右两边分开，高与肩平，手心斜向外（图 2-2-10②）。

动作要点：弹踢先提膝，小腿再摆动弹出，力达脚背。

① 转身双架手　　② 分手弹踢

图 2-2-10　架手弹踢

8. 片旋横推

（1）右腿弹回，同时左手下搂按于腹前，右臂内旋俯掌回收至右腰侧（图 2-2-11①）。

（2）右脚向前方滑步，身体右闪；右手内旋，横掌向前推出，手心向前，大拇指向下（图 2-2-11②）。

动作要点：以腰为轴带动，横推时要有向左的切力。

图 2-2-11 片旋横推

9. 搂压劈掌

(1) 右脚撤回,再向右前方上步,腰右转;右手沿逆时针方向勾搂至右腋下,手心向上(图 2-2-12①)。

(2) 左脚上步,右手俯掌搂按至左胸前,左手从右臂下方向左前方劈出,高与眉齐(图 2-2-12②)。

动作要点:注意身法协调,劈掌时力点在掌外沿。

图 2-2-12 搂压劈掌

10. 收势:左叶底藏花—右穿掌式

(1) 左脚微撤步,右手俯掌拉回右腰侧掌心向上,左臂内旋,左拇指向下,掌心斜向下(图 2-2-13①)。

(2) 右脚上步内扣,身体左转;右手手心向上,插于左腋下,双手屈肘环抱。背对圆心成左叶底藏花(图 2-2-13②)。

(3) 身体右转,右手以牛舌掌伸向圆心,手心向左,高与胸齐,左手以牛舌掌摆至右肘窝处。目视右手方向(图 2-2-13③~⑥)。以右穿掌式沿圆走转至起始位置。

(4) 其余动作同一段单练套路（图 2-2-13⑦~⑨）。

①撤步回拉　②左叶底藏花　③右穿掌式
④右脚进步　⑤左脚上步　⑥两臂上托
⑦起身下按　⑧并步直立　⑨身体右转

图 2-2-13　收势

说明：右式动作与左式动作相同，唯方向相反。

三、对打套路

以左式动作为例。

(一) 动作名称

预备式：并步直立

	甲（第一掌）	乙（第二掌）
1	起势	起势
2	平穿掌	摆步横肘
3	转身拍掌	架手弹踢
4	掳手撩阴掌	片旋横推
5	绕步双推掌	搂压劈掌
6	收势	收势

(二) 动作图解

预备式：同一段对打套路（图 2-2-14）。

1. 甲乙起势：左穿掌式

(1) 同一段对打套路（图 2-2-15①~③）。

(2) 甲乙左脚向前迈出一步，重心移至右脚；右手以牛舌掌向前穿出后向左摆向圆心，左手以牛舌掌摆至左肘窝处（图 2-2-15④）。

图 2-2-14　甲乙并步直立

(3) 甲乙身体左转，左右脚依次上步，沿圆走转至起始位置（图 2-2-15⑤~⑧）。

① 乙身体后转

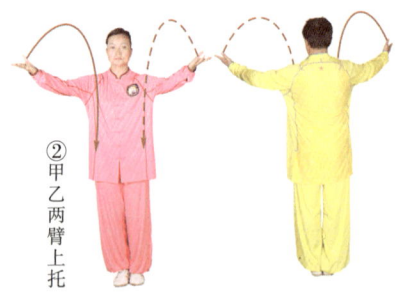

② 甲乙两臂上托

图 2-2-15 甲乙起势

2. 甲平穿掌、乙摆步横肘

（1）甲乙右脚上步内扣（图 2-2-16①）。

（2）甲方左脚上步外摆，左手内翻下按乙方左手。乙方左转（图 2-2-16②）。

（3）甲方右脚上步，右手俯掌从左手上方向乙方眉心穿出。乙方身体后缩（图 2-2-16③）。

（4）乙方右手仰掌穿格甲方右手，左掌拉回腰间。甲方随势（图 2-2-16④）。

（5）乙方身体右转的同时右臂横肘旋腕，反手叼拿甲方右腕。甲方随势左转

（图 2-2-16⑤）。

动作要点：甲方穿掌力达指尖，乙方格挡和旋腕反手叼拿要顺力。

图 2-2-16　甲平穿掌、乙摆步横肘

3. 甲转身拍掌、乙架手弹踢

（1）甲方左脚外摆，右脚上步内扣，身体左转；右掌上架后下按至左肘外侧。乙方左脚活步（图 2-2-17①）。

（2）甲方左脚上步，左手向前拍击乙方面部，右手落于左腰间。乙方左脚上步转身，两手交叉上架甲方左手（图 2-2-17②）。

（3）乙方右脚向甲方裆部弹踢，两手向左右两边分开。甲方身体后缩（图 2-2-17③）。

动作要点：甲方拍击乙方面部时要松臂抖腕，乙方弹踢时小腿摆动，力达脚背。

图 2-2-17 甲转身拍掌、乙架手弹踢

4. 甲掳手撩阴掌、乙片旋横推

(1) 甲方左脚向右摆步，左手勾搂乙方右脚。乙方随势（图2-2-18①）。

(2) 甲方右脚上步，右手外旋向前攉撩乙方裆部。乙方右腿下落，左手翻掌搂开甲方右手（图2-2-18②③）。

(3) 乙方身体右闪，右掌横掌向甲方面部推出，拇指侧向下。甲方身体后缩（图2-2-18④）。

动作要点：乙方左手翻掌按压甲方右手时要用弧线旋转力。

图 2-2-18 甲掳手撩阴掌、乙片旋横推

5. 甲绕步双推掌、乙搂压劈掌

（1）甲方右脚向左前方横摆，双手向右抹开乙方右手。乙方随势（图2-2-19①）。

（2）甲方左脚并右脚，右手叼拿乙方右腕，左手下压乙方右小臂，随之向右后方捋带。乙方随势（图2-2-19②）。

（3）甲方左脚上步，双掌向乙方胸部推出。乙方随势后缩，右手向右搂按甲方双掌（图2-2-19③④）。

（4）乙方右脚撤左脚向右前方横摆，左手从右手下向左上方弧线劈甲方面部，右手置于左肘下。甲方随势（图2-2-19⑤）。

动作要点：甲方抓住乙方右臂捋回再双推，乙方右手搂按和左掌劈面要连续，力点在掌沿。

图 2-2-19 甲绕步双推掌、乙搂压劈掌

6. 收势：左叶底藏花—右穿掌式

（1）甲乙左脚外摆，甲方右脚进步，乙方右脚上步内扣。甲乙身体左转的同时左手内旋，手心向外，拇指侧朝下，手臂撑圆；右手手心向上，插于左腋下，

两手屈肘环抱。背对圆心成左叶底藏花（图2-2-20①）。

（2）甲乙身体右转，右手以牛舌掌摆向圆心，左手以牛舌掌摆置右肘窝处成右穿掌式。甲乙以右穿掌式沿圆走转至起始位置（图2-2-20②~④）。

（3）其余动作同一段对打套路（图2-2-20⑤~⑧）。

① 甲乙左叶底藏花
② 甲乙右穿掌式
③ 甲乙右脚进步
④ 甲乙左脚上步
⑤ 甲乙两臂上托
⑥ 甲乙屈膝下按

图 2-2-20 甲乙收势

说明：右式对打与左式动作相同，唯方向相反。

四、拆招

1. 平穿掌拆招

（1）甲乙相对直立（图 2-2-21①）。

（2）乙方右脚上步，右拳（或掌）直击甲方胸部。甲方左手内翻压按乙方右腕（图 2-2-21②）。

（3）甲方右脚上步，右手俯掌穿击乙方喉部（图 2-2-21③）。

图 2-2-21 平穿掌拆招

2. 拍掌拆招

（1）甲乙相对直立（图 2-2-22①）。

（2）乙方右脚上步，右拳（或掌）直击甲方胸部。甲方左手内翻压按乙方右手（图 2-2-22②）。

（3）甲方右脚上步，左手下按的同时右手从左手上方向前拍击乙方面部（图

2-2-22③)。

图 2-2-22　拍掌拆招

3. 掳手撩阴掌拆招

（1）甲乙相对直立（图 2-2-23①）。

（2）乙方左脚上步，右脚弹踢（或蹬踢）甲方腹部。甲方左脚绕步外摆，左手勾搂乙方右脚踝（图 2-2-23②）。

（3）甲右脚上步，右手仰掌向前撩乙方裆部（图 2-2-23③）。

图 2-2-23　掳手撩阴掌拆招

4. 绕步双推掌拆招

（1）甲乙相对直立（图 2-2-24①）。

（2）乙方右脚上步，右拳（或掌）直击甲方胸部。甲方右脚绕步横摆，双手叼捋乙方右臂（图 2-2-24②）。

（3）甲方左脚上步，双手内旋向乙方胸部推出（图 2-2-24③）。

图 2-2-24　绕步双推掌拆招

5. 摆步横肘拆招

（1）甲乙相对直立（图 2-2-25①）。

（2）乙方右脚上步，右拳（或掌）直击甲方面部。甲方右手仰掌向右穿格乙方右手，随之右脚外摆，右手横肘旋腕反手叼拿乙方右手腕，向后叼拽（图 2-2-25②）。

图 2-2-25　摆步横肘拆招

6. 架手弹踢拆招

（1）甲乙相对直立（图 2-2-26①）。

（2）乙方右脚上步，右拳（或掌）直击甲面部。甲方双手交叉上架乙方右手（图 2-2-26②）。

（3）甲方右脚向乙方腹部弹踢，两手向左右两边分开（图 2-2-26③）。

图 2-2-26 架手弹踢拆招

7. 片旋横推拆招

（1）甲乙相对直立（图 2-2-27①）。

（2）乙方右脚上步，右拳（或掌）直击甲胸部。甲方左手翻掌按压乙方右手（图 2-2-27②）。

（3）甲方右脚上步，身体左转；右掌片旋划弧横掌推击乙方胸部（图 2-2-27③）。

图 2-2-27 片旋横推拆招

8. 搂压劈掌拆招

（1）甲乙相对直立（图 2-2-28①）。

（2）乙方右脚上步，双推掌直击甲胸部。甲方左脚向左迈步，左手搂按乙方双手（图 2-2-28②）。

（3）甲方右脚向左开步，身体左闪；右掌沿弧线前劈乙方面部，左掌置于右肘下方（图 2-2-28③）。

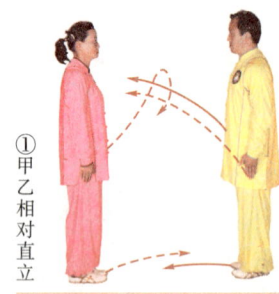

① 甲乙相对直立

② 乙双推掌、甲左手搂压

③ 甲上步右劈掌

图 2-2-28　搂压劈掌拆招

第三节 | 八卦掌三段技术图解

一、基本形态——狮子抱球（左式）

（1）身体左侧对圆心，两手俯掌下按至小腹；两腿屈膝站立（图2-3-1①）。

（2）左脚进步，身体左转；左手仰掌摆向圆心，高与肩平，右手沿逆时针方向向右划弧摆至头顶，手心与左手手心相抱呼应，成抱掌。目视左手方向（图2-3-1②）。

①屈膝下按　　②左狮子抱球式

图2-3-1　狮子抱球

二、单练套路

以左式动作为例。

（一）动作名称

预备式：并步直立					
第一掌					
1	起势	2	右反插掌	3	双劈掌
4	左撩托掌	5	右撩托掌	6	左翻身抱掌
7	右劈掌				

续表

第二掌					
8	右穿掌	9	左分掌	10	右扑面掌
11	右掖掌	12	左叼手反扭	13	右劈掌
14	收势				

(二) 动作图解

预备式：同一段单练套路（图2-3-2）。

1. 起势：左狮子抱球

（1）同一段单练套路（图2-3-3①~③）。

（2）身体左转，左脚上步；左手摆向圆心，高与肩平，右手沿逆时针方向划弧摆至头顶，手心与左手手心相抱呼应，指向圆心。目视左手方向（图2-3-3④）。

图2-3-2 并步直立

（3）以狮子抱球沿圆走转至起始位置（图2-3-3⑤~⑦）。

图2-3-3 起势

2. 右反插掌

（1）右脚上步内扣，左脚上步外摆，左转身180°；左掌内翻向下按压，右掌下按至腰间（图2-3-4①②）。

（2）右脚上步成右弓步，右掌拇指向下，指尖向前反掌插出，左掌立于右肩内侧（图2-3-4③）。

动作要点：反插掌力达指尖。

图2-3-4 右反插掌

3. 双劈掌

（1）右脚内扣，身体左转，左脚收于右脚内侧（图2-3-5①）。

（2）左脚退步，同时双掌向下劈出（图2-3-5②）。

动作要点：退左步与双劈掌同时完成。

图2-3-5 双劈掌

4. 左撩托掌

左脚向左侧迈出一步，右脚随之上步成右高虚步，左转身，身体右侧对圆心，微后仰；双手仰掌，右手前撩，左手上托（图2-3-6）。

动作要点：撩托时身体微后仰。

5. 右撩托掌

右脚向右侧上一步，左脚上步成左高虚步，右转身，身体左侧对圆心，微后仰；双手仰掌，左手前撩，右手上托（图2-3-7）。

图2-3-6　左撩托掌　　　　　　　　图2-3-7　右撩托掌

6. 左翻身抱掌

（1）左脚外摆，身体左转；左手内翻，置于头顶，手心向外，右手翻成立掌，由左臂下随转身向左推出（图2-3-8①）。

（2）右脚上步内扣，身体左转，双手姿势保持不变（图2-3-8②）。

动作要点：动作协调，一气完成。

①转身抱抄　　　　　　　　　　②翻身过臂

图2-3-8　左翻身抱掌

7. 右劈掌

（1）左脚退步，身体左后转（图2-3-9①）。

（2）右脚上步，右掌由左手外侧向前立掌劈出，左立掌落于右肘内侧（图2-3-9②）。

动作要点：以腰带动手臂发力，右脚上步与立掌劈出同步。

图 2-3-9　右劈掌

8. 右穿掌

（1）左脚沿圆周上步，身体右转；左手侧掌向右拍打（图 2-3-10①）。

（2）右脚上步，左手立掌搂于肩前，右掌由左手侧反掌穿出，指尖向前，拇指向下（图 2-3-10②）。

动作要点：此动作为向左穿掌闪身，步法要敏捷，身法要灵活。

图 2-3-10　右穿掌

9. 左分掌

（1）身体左转，右手仰掌置于头顶，左手立掌置于右腋（图 2-3-11①）。

（2）身体左转，左脚上步；右手经身体左侧向右下分，手心向下，左手向左分出，指尖向下（图 2-3-11②）。

动作要点：左手分掌时小指外侧着力。

图 2-3-11 左分掌

10. 右扑面掌

重心前移，左脚进步成左弓步；左手下搂于腹前，右掌向前扑出，掌心向前（图2-3-12）。

动作要点：扑面掌时掌根着力。

11. 右掖掌

右脚经左脚内侧上步，左手上挑后外旋，右手经腰间仰掌向前戳出（图2-3-13①②）。

图 2-3-12 右扑面掌

动作要点：掖掌用指尖着力。

12. 左叼手反扭

左脚上步，身体右转；右手翻腕向右抹出，右掌架于头顶，左手握拳逆时针划弧拧起（图2-3-14）。

动作要点：叼手成握拳，反扭时大臂抡起。

图 2-3-13 右掖掌　　　　　　图 2-3-14 左叼手反扭

13. 右劈掌

(1) 身体左转，左手下落至胸前，手心斜向下，右手仰掌从左肘下穿出（图2-3-15①）。

(2) 右脚上步内扣，右掌由左手下方向右立掌劈出，左立掌置于右肘（图2-3-15②）。

动作要点：右脚扣步与立掌劈出要同步。

图 2-3-15 右劈掌

14. 收势：左叶底藏花—右狮子抱球

(1) 左脚上步外摆，右脚上步内扣；右掌置于胸前，掌心向前，拇指一侧向下，左掌反插附于背后，掌心向后，拇指一侧向上（图2-3-16①②）。

(2) 左脚上步外摆，右脚上步内扣，身体继续左转，背对圆心，左臂内旋顺时针划弧摆至右肩，右手仰掌从左肘下穿出成左叶底藏花（图2-3-16③④）。

(3) 身体右转，右侧面向圆心；右仰掌摆向圆心，左俯掌划弧摆至头顶，与右仰掌相抱成右狮子抱球。目视右手方向（图2-3-16⑤）。

(4) 以右狮子抱球式沿圆走转至起始位置（图2-3-16⑥⑦）。

(5) 其余动作同一段单练套路（图2-3-16⑧~⑪）。

图 2-3-16 收势

说明：右式动作与左式动作相同，唯方向相反。

三、对打套路

以左式动作为例。

（一）动作名称

预备式：并步直立

	甲（第一掌）	乙（第二掌）
1	起势	起势
2	右反插掌	右穿掌
3	双劈掌	左分掌
4	左撩托	右扑面掌
5	右撩托	右掖掌
6	左翻身抱掌	左叼手反扭
7	右劈掌	右劈掌
8	收势	收势

（二）动作图解

预备式：同一段对打套路（图 2-3-17）。

1. 甲乙起势：左狮子抱球

（1）动作同一段对打套路（图 2-3-18①~③）。

（2）甲乙左脚上步，左手伸向圆心，掌心朝上，右手划弧摆至头顶，两手心相抱呼应。甲乙目视左手方向（图 2-3-18④）。

（3）以左狮子抱球式沿圆走转至起始位置（图 2-3-18⑤~⑦）。

图 2-3-17　甲乙并步直立

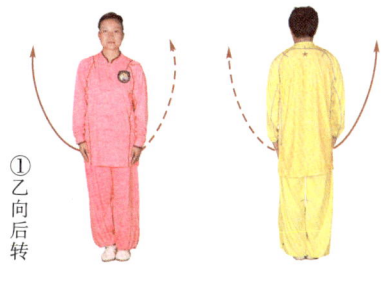

①乙向后转

②甲乙两臂上托

③甲乙屈膝下按

④甲乙左狮子抱球

⑤甲乙左脚进步
⑥甲乙右脚上步
⑦甲乙左脚上步

图 2-3-18 甲乙起势

2. 甲右反插掌、乙右穿掌

（1）甲乙右脚上步内扣（图 2-3-19①）。

（2）甲方左脚上步，左掌向左外拨乙方右掌。乙方随势右转（图 2-3-19②）。

（3）甲方右脚上步，右掌拇指向下，指尖向前，反掌插击乙方胸肋，左掌附于右肩。乙方左脚活步，闪过甲方插掌，右脚上步；右掌从甲方右掌外侧穿插而过，左掌下落（图 2-3-19③）。

动作要点：甲方反插掌力达指尖，乙方从甲方右穿掌外侧闪身穿过。

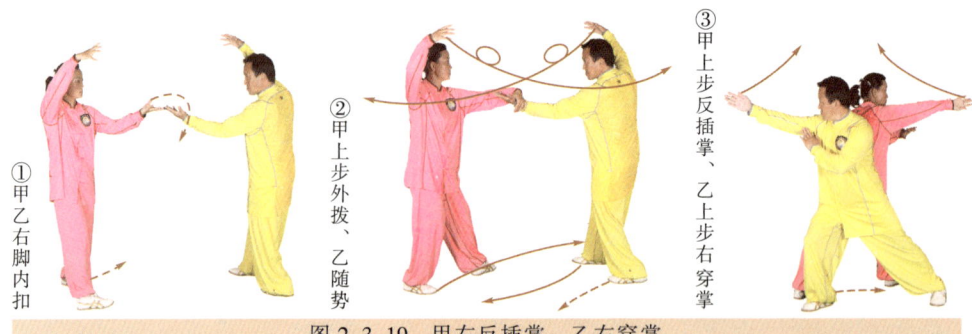

①甲乙右脚内扣
②甲上步外拨、乙随势
③甲上步反插掌、乙上步右穿掌

图 2-3-19 甲右反插掌、乙右穿掌

3. 乙左分掌、甲双劈掌

乙方身体左转，左脚上步；右手由头顶经身体左侧向右下分，手心向下，左手指尖向下，小指外侧左分出击甲方裆部。甲方身体左转，左脚退步；双手向下劈击乙方左臂（图2-3-20①②）。

动作要点：乙方小指外侧着力撩击甲方裆部，甲方退步与劈掌同步。

图2-3-20 乙左分掌、甲双劈掌

4. 乙右扑面掌、甲左撩托

乙方身体左转成左弓步，右掌向前推击甲方面部，左手俯掌置于腹前。甲左脚微后撤，右脚向左前方进步成右高虚步；右掌托住乙方右小臂向左上方撩托，左掌经体前划弧架于头上（图2-3-21①②）。

动作要点：乙方顺势前靠化解甲方擒捉，甲方上托时托贴住乙方手臂。

图2-3-21 乙右扑面掌、甲左撩托

5. 乙右掖掌、甲右撩托

（1）乙方右脚上步，左手上挑甲方右小臂，右臂外旋，屈肘收回腰间，掌心向上。甲方随势（图2-3-22①）。

（2）乙方右脚上步，左臂内旋，横于额前，右手仰掌横砍甲方颈部。甲方右脚后撤，左脚向右前方上步成左高虚步；左掌向右上方撩托乙方右小臂，右掌经体前划弧架于头上（图2-3-22②③）。

动作要点：乙方以腰部旋转带动掖掌，甲方上托时托贴住乙方手臂。

图2-3-22 乙右掖掌、甲右撩托

6. 乙左叼手反扭、甲左翻身抱掌

乙方身体右转，双手抓握甲方左腕逆时针绕圆反扭。甲方随势左转，右脚上步，随乙势从左臂下向左翻身（图2-3-23①②）。

动作要点：乙方反扭用大臂绕圆，甲方顺势翻身化解。

图2-3-23 乙左叼手反扭、甲左翻身抱掌

7. 甲右劈掌、乙右劈掌

甲方身体左转，左脚左迈，右脚上步；左掌下落，手心向下；右掌由左手外侧立掌劈击乙方面部。乙方左脚左迈，右脚活步；左手下落，手心向下，右手由左手外侧立掌劈击甲方右臂（图2-3-24①②）。

动作要点：甲乙身体左闪与右劈摆要协调，劈掌时外侧着力。

① 甲上步闪身、乙拧腰闪身

② 甲乙上步右劈掌

图 2-3-24　甲右劈掌、乙右劈掌

8. 甲乙收势：左叶底藏花—右狮子抱球

（1）甲乙左脚上步外摆，右脚上步内扣；右掌置于胸前，掌心向前，拇指一侧向下，左掌附于后背，掌心向后，拇指一侧向上（图 2-3-25①②）。

（2）甲乙左脚上步外摆，右脚上步内扣，身体右转，背对圆心；左臂内旋顺时针划弧摆至右肩，右手仰掌从左肘下穿出成左叶底藏花（图 2-3-25③）。

（3）甲乙身体右转，身体右侧面圆心；右臂伸向圆心，掌心朝上，左俯掌划弧摆至头顶，与右仰掌相抱成抱掌。甲乙目视右手方向（图 2-3-25④）。

（4）甲乙以右狮子抱球沿圆走转至起始位置（图 2-3-25⑤⑥）。

（5）其余动作同一段对打套路（图 2-3-25⑦~⑩）。

① 甲乙左脚摆步

③ 甲乙左叶底藏花

② 甲乙右脚扣步

④ 甲乙右狮子抱球

⑤甲乙右脚进步　⑥甲乙左脚上步

⑦两臂上托　⑧甲乙起身下按

⑨甲乙并步直立　⑩甲向后转

图 2-3-25　甲乙收势

说明：右式对打与左式动作相同，唯方向相反。

四、拆招

1. 右反插掌拆招

（1）甲乙相对直立（图 2-3-26①）。

（2）乙方右脚上步，右拳（或掌）直击甲方胸部。甲方左掌向右拨开乙方右拳（图2-3-26②）。

（3）甲方右掌内旋，拇指向下，指尖向前，反掌插击乙方喉部（图2-3-26③）。

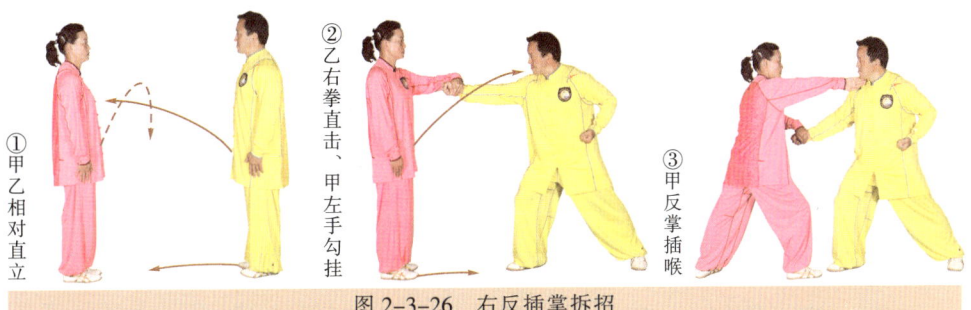

图2-3-26　右反插掌拆招

2. 双劈掌拆招

（1）甲乙相对直立（图2-3-27①）。

（2）乙方右脚上步，右拳（或掌）直击甲方腹部。甲方左脚上步，双手下劈乙方右臂（图2-3-27②）。

（3）甲方双手抓握乙方肩臂，向后捋带（图2-3-27③）。

图2-3-27　双劈掌拆招

3. 左撩托掌拆招

（1）甲乙相对直立（图2-3-28①）。

（2）乙方右脚上步，右拳直击甲方胸部。甲方左脚左迈，右脚向左前方上步，前脚掌点地，身体微后仰；双手撩托乙方右小臂（图2-3-28②）。

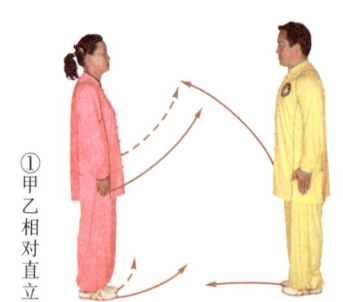

图 2-3-28 左撩托掌拆招

4. 左叼手反扭拆招

(1) 甲乙相对直立（图 2-3-29①）。

(2) 乙方右脚上步，右拳直击甲方胸部。甲方左脚上步，左手叼拿乙方左腕，右手抓住乙方小臂（图 2-3-29②）。

(3) 甲方身体右转，逆时针绕大圈扭转乙方手臂（图 2-3-29③）。

图 2-3-29 左叼手反扭拆招

5. 右翻身抱掌拆招（化解叼手反扭法）

(1) 甲乙相对直立（图 2-3-30①）。

(2) 甲方左拳直击乙方胸部。乙方左脚上步，双手抓握甲方左臂（图 2-3-30②）。

(3) 乙方身体右转，双手顺时针拧甲方手臂。甲方身体右转，左脚向右侧上步，身体继续右转，顺势翻身化解（图 2-3-30③）。

(4) 甲方顺乙方旋转力继续右转，右脚上步；右手上挑，左横掌推击乙方胸部。乙方顺势左脚后退（图 2-3-30④）。

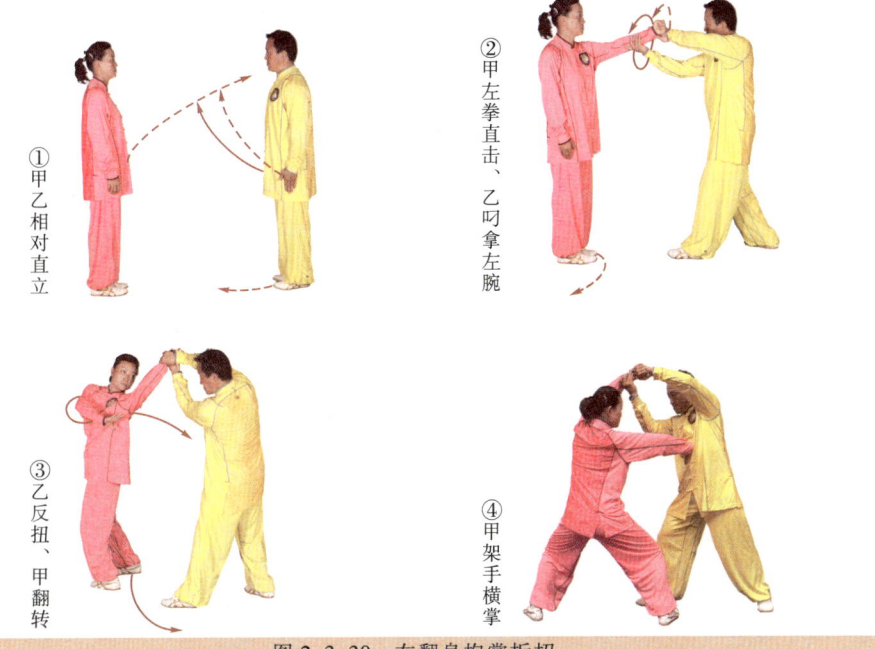

图 2-3-30 右翻身抱掌拆招

6. 右劈掌拆招

（1）甲乙相对直立（图 2-3-31①）。

（2）乙方右脚上步，右拳直击甲胸部。甲方左脚上步右闪身，左掌向右推开乙方右拳（图 2-3-31②）。

（3）甲方右脚上步，右掌由左手下方向前立掌劈击乙方面部（图 2-3-31③）。

图 2-3-31 右劈掌拆招

7. 右穿掌拆招（侧身躲闪法）

（1）甲乙相对直立（图 2-3-32①）。

(2) 乙方右脚上步，右拳直击甲方胸部。甲方左脚上步左闪身，左掌向右拍击乙方肘部，避开乙方右拳（图2-3-32②）。

(3) 甲方向乙方身后上步穿靠（图2-3-32③）。

图2-3-32　右穿掌拆招

8. 左分掌拆招

(1) 甲乙相对直立（图2-3-33①）。

(2) 乙方右脚上步，右拳直击甲方面部。甲方右手拍开乙方右拳（图2-3-33②）。

(3) 甲方左脚上步，落于乙方右脚；左手指尖向下，以掌外侧撩击乙方裆部（图2-3-33③）。

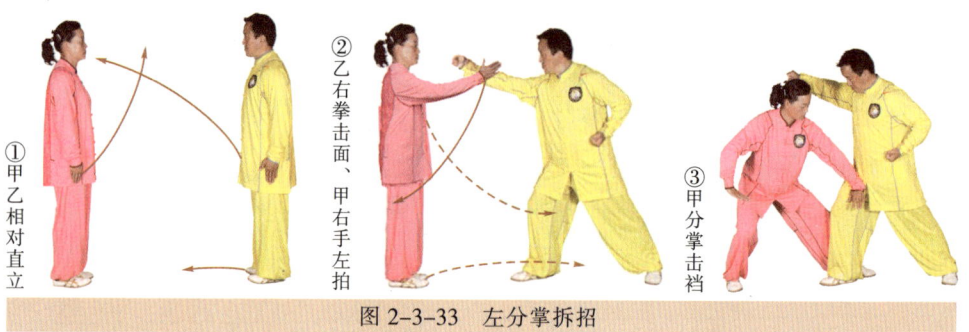
图2-3-33　左分掌拆招

9. 右扑面掌拆招

(1) 甲乙相对直立（图2-3-34①）。

(2) 乙方右脚上步，右拳直击甲方胸部。甲方左掌横压乙方右手腕（图2-3-34②）。

(3) 甲方右脚上步，右掌掌心向前，推击乙方面部（图2-3-34③）。

图 2-3-34　右扑面掌拆招

10. 右掖掌拆招

（1）甲乙相对直立（图 2-3-35①）。

（2）乙方右脚上步，右拳直击甲方面部。甲方左脚上步外摆，左仰掌向左裹肘格乙方右拳（图 2-3-35②）。

（3）甲方右脚上步，左手翻掌上挑架住乙方右拳，手心向外，右仰掌横砍乙方颈部（图 2-3-35③）。

图 2-3-35　右掖掌拆招

第四节 | 八卦掌四段技术图解

一、基本形态——上下掌（左式）

（1）身体侧对圆心，两膝弯曲；两手下按至腹前，两臂弯曲，手心向下，指尖相对（图2-4-1①）。

（2）左脚迈出，身体微右转；左手仰掌向前上方伸出，立掌外旋上插，掌指向上，右手仰掌前伸至左肘内侧后，下插至左胯，掌心向外，掌指向下。身体左转，面向圆心（图2-4-1②③）。

图2-4-1 上下掌

二、单练套路

以左式动作为例。

（一）动作名称

预备式：并步直立					
第一掌					
1	起势	2	进步探掌	3	左团撞
4	捋手横踹	5	退步穿掌	6	左贯耳
7	切腕拿	8	挤靠势	9	双分捶

续表

	第二掌				
10	右叼左撞肘	11	左团撞掌	12	右搬枝
13	右拦左扑	14	掩手劈掌	15	绕步砍掌
16	右肩靠	17	双分掌	18	收势

(二) 动作分解

预备式：并步直立（图2-4-2）。

1. 起势：左上下掌

（1）同一段单练套路（图2-4-3①~③）。

（2）左脚迈出，身体微右转；左手仰掌向前上方伸出，立掌外旋上插，掌指向上，右手仰掌前伸至左肘内侧后，下插至左胯，掌心向外，掌指向下（图2-4-3④⑤）。

图2-4-2 并步直立

（3）左脚前移半步，右脚、左脚依次上步，蹚泥步沿圆走转至起始位置（图2-4-3⑥~⑧）。

图2-4-3 起势

2. 进步探掌

右脚上步内扣，左脚外摆，身体左转180°；左手按压于胸前。右脚上步的同时右手仰掌从左手背上方穿出（图2-4-4①~③）。

动作要点：探掌力达指尖。

图 2-4-4　进步探掌

3. 左团撞

左脚外摆，右脚上步内扣，身体左转；左手仰掌从右臂下穿出后双掌同时内翻，掌心向外，掌指相对，两臂撑圆，双掌屈肘横于胸前（图2-4-5①②）。

动作要点：沉肩坠肘，两臂撑圆。

图 2-4-5　左团撞

4. 捋手横踹

（1）身体左转，左脚上步；右手仰掌从左手下撩出，左掌扶于右腕处（图2-4-6①）。

（2）右手叼拿收回向右后捋，左手旋拧横捋回带，拳心向上；同时右脚向前踹出（图2-4-6②）。

动作要点：右踹腿脚尖外展，与后捋同步。

图 2-4-6　捋手横踹

5. 退步穿掌

右脚后落，右手侧立掌前穿，拇指向上，左手收于左腰侧，手心向下（图 2-4-7）。

动作要点：穿掌力达指尖，与右脚后落同步。

6. 左贯耳

右脚外摆上步，右手顺时针右搂。左脚沿圆上步，左手摆拳横击，与耳同高，拳眼向下，力达拳面，右手俯掌收回腰间（图 2-4-8①②）。

图 2-4-7　退步穿掌　　　　　　　图 2-4-8　左贯耳

7. 切腕拿

（1）身体右转，右脚外摆，左脚上步；左拳变侧立掌向右平穿，右臂内旋，横掌置于身体右侧（图 2-4-9①）。

（2）右脚、左脚、右脚依次弧形上步，双掌掌型不变（图 2-4-9②~④）。

（3）身体左转，左脚退步。右脚并左脚，脚尖点地；右掌缠切向左下弧形带回腹前，左手附于右腕内侧（图 2-4-9⑤⑥）。

动作要点：穿行流畅、缠腕时右小指侧下切。

图 2-4-9 切腕拿

8. 挤靠势

（1）右脚上步，左脚跟进半步；右臂微外旋，右小臂外侧向前挤靠，掌心向前，左手扶于右腕（图 2-4-10①）。

（2）重心前移成右弓步，右肩前靠，两掌经上向身体两侧分开，手心向下（图 2-4-10②）。

动作要点：挤靠时左手辅助发力，力达右小臂。

图 2-4-10 挤靠势

9. 双分捶

左右脚先后向后撤一小步，重心后移至左脚成半马步；双手变拳交叉由上向两侧仰拳劈砸（图2-4-11）。

动作要点：分捶力达拳背。

10. 右叼左撞肘

（1）右脚外摆，身体右转90°；右拳变掌顺时针方向叼拿，掌心向外（图2-4-12①）。

（2）身体右转，屈膝下蹲成右歇步；左臂屈肘由上向右下盖压，右手附于左前臂下方（图2-4-12②）。

动作要点：盖肘力达肘尖。

图 2-4-11 双分捶

图 2-4-12 右叼左撞肘

11. 左团撞掌

身体起立左转，左脚上步外摆，重心后坐；左拳变掌，双掌内翻，两臂撑圆，双掌屈肘撑于胸前，掌心向外，拇指向下，四指相对（图2-4-13）。

动作要点：指尖相对，两臂撑圆。

12. 右搬枝

（1）右脚上步内扣，身体左转，左手下按（图2-4-14①）。

图 2-4-13 左团撞掌

（2）左手抓握由下向左、向上，经体侧划弧后向胸前回带，拳心向下，右手由下向上，体侧划弧经左手前臂直立上钻，拳心向内（图2-4-14②）。

动作要点：叼腕搬肘时左右手反方向用力。

①扣步转身　②叼腕搬肘

图 2-4-14　右搬枝

13. 右拦左扑

右脚向右迈步，右拳变掌向右下方下按，置于右腰间，左拳变掌，立掌向前扑，力达掌心（图 2-4-15）。

14. 掩手劈掌

左脚上步外摆，右脚向左前方上步，脚尖着地；左手右拨，右掌由胸前向前劈出（图 2-4-16）。

图 2-4-15　右拦左扑

动作要点：右劈掌力达掌根。

15. 绕步砍掌

右脚向右侧沿圆周退步，左脚跟进半步；左掌收至腰间，右手仰掌经腰间划弧向前砍出，力达掌外沿（图 2-4-17）。

图 2-4-16　掩手劈掌　　图 2-4-17　绕步砍掌

16. 右肩靠

（1）左脚上步，左手侧立掌向前平穿，高与胸齐，右臂内旋，横掌置于右胸前方，掌心向外（图 2-4-18①）。

（2）右脚、左脚、右脚依次上步，沿圆走转，双掌保持不变（图2-4-18②~④）。

（3）身体左转，左脚上步，重心前移，两掌合于胸前，向前挤出（图2-4-18⑤）。

（4）左脚并右脚，两臂向上交叉举起（图2-4-18⑥）。

（5）两臂向左右分开的同时，右脚上步，右肩向前顶靠（图2-4-18⑦）。

动作要点：绕步穿掌走弧形，右肩靠时身体前倾。

图2-4-18 右肩靠

17. 双分掌

重心后移，双臂于腹前交叉上举。左脚后撤半步，右脚随之跟进，两掌经头上方向左右两侧立掌劈出（图2-4-19①②）。

①半马步合臂　②双分掌

图 2-4-19　双分掌

18. 收势：左叶底藏花—右上下掌

（1）左脚上步外摆，右脚上步内扣。身体左转；左掌反插于背后，手心向后，拇指侧向上，右掌置于胸前，掌心向前，拇指侧向下（图 2-4-20①②）。

（2）左脚上步外摆，右脚上步内扣；左手内旋，手心向外，大拇指朝下，手臂撑圆置于胸前，右手插于左腋下，手心向上，两手屈肘环抱成左叶底藏花（图 2-4-20③④）。

（3）身体右转，面向圆心；右臂立掌外旋上插，掌心向上；左掌掌心向外，指尖向下，插至右膝外成右上下掌（图 2-4-20⑤）。

（4）以右上下掌沿圈走转至起始位置（图 2-4-20⑥）。

（5）其余动作同一段单练套路（图 2-4-20⑦~⑪）。

①左脚摆步　②右脚扣步　③左脚摆步　④左叶底藏花

⑤右上下掌　⑥右脚进步　⑦左脚上步　⑧两臂上托

⑨起身下按　⑩并步直立　⑪身体右转

图 2-4-20　收势

说明：右式动作与左式动作相同，唯方向相反。

三、对打套路

以左式动作为例。

（一）动作名称

预备式：并步直立

	甲（第一掌）	乙（第二掌）
1	起势	起势
2	进步探掌	右叼左撞肘
3	左团撞掌	左团撞掌
4	捋手横踹	右搬枝
5	退步穿掌	右拦左扑
6	左贯耳	掩手劈掌
7	切腕拿	绕步砍掌
8	挤靠势	右肩靠
9	双分捶	双分掌
10	收势	收势

（二）动作图解

预备式：同一段对打套路（图2-4-21）。

1. 甲乙起势：左上下掌

（1）同一段对打套路（图2-4-22①~③）。

（2）左脚迈出，身体微右转；左手仰掌向前上方伸出，立掌外旋上插，掌指向上，右手仰掌前伸至左肘内侧后，下插至左胯，掌心向外，掌指向下。身体左转，面向圆心，成上下掌（图2-4-22④）。

图2-4-21　甲乙并步直立

（3）左脚前移半步，右脚、左脚依次上步，以蹚泥步沿圆走转一圈至起始位置（图2-4-22⑤~⑦）。

图 2-4-22 甲乙起势

2. 甲进步探掌、乙右叼左撞肘

(1) 甲乙右脚上步内扣（图 2-4-23①）。

(2) 甲方身体左转 90°，左脚上步外摆，右脚上步；左手按压乙方左手，右手从左手上方仰掌穿击乙方喉咙。乙方随势身体左转，右手从甲方右手腕下穿出，右脚上步外展的同时右手以顺时针方向向右叼拿、捋带甲方右腕，左臂屈肘盖压甲方右肘（图 2-4-23②~⑤）。

动作要点：甲方探掌力达指尖，乙方反关节撞肘力达肘尖。

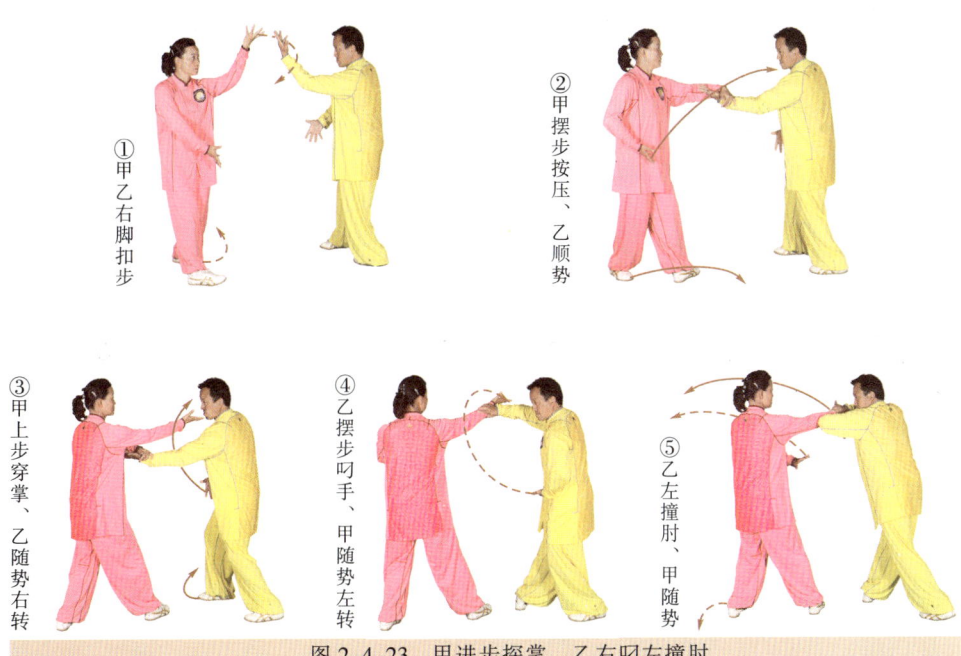

图 2-4-23 甲进步探掌、乙右叼左撞肘

3. 乙左团撞掌、甲左团撞掌

（1）乙方两臂外撑于胸前，掌指相对，掌心向外，双掌推击甲方肩部。甲方随势左转，左脚上步外摆；双臂屈肘撑臂于胸前，掌指相对（图2-4-24①）。

（2）甲方身体左转，右脚上步内扣。乙方左脚上步，身体左转（图2-4-24②）。

动作要点：甲乙同时做左团撞掌走转。

图2-4-24　乙左团撞掌、甲左团撞掌

4. 乙右搬枝、甲捋手横踹

（1）乙方身体左转，右脚上步；左手叼拿甲方左腕，右臂屈肘勾住甲方小臂。甲方身体左转，左脚上步落于乙方右脚外侧；两手由右向左划弧，右手托乙方右肘，左手抓握乙方右小臂（图2-4-25①②）。

（2）甲方两臂屈肘向后回带，同时右腿横踹乙方右小腿。乙方随势后缩（图2-4-25③）。

动作要点：乙方反关节搬枝，甲方右踹腿时，脚尖外摆，与后捋同步。

图2-4-25　乙右搬枝、甲捋手横踹

5. 乙右拦左扑、甲退步穿掌

乙方右脚活步，右手拨，左掌向前穿拍，扑击甲方面部。甲方右脚后落，右掌向前穿格乙方左掌（图2-4-26）。

动作要点：乙方穿掌有扑拍之势，甲方穿掌有向右格挡之势。

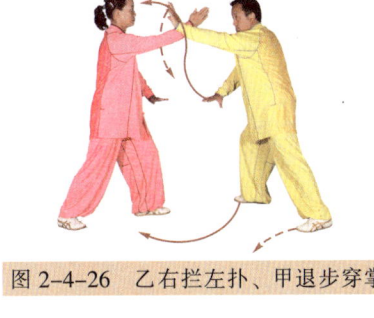

图2-4-26 乙右拦左扑、甲退步穿掌

6. 乙掩手劈掌、甲左贯耳

（1）乙方左脚、右脚依次上步闪身，左手搂开甲方右掌，右掌劈击甲方面部。甲方右脚向左前方上步外摆，右手叼拿乙方右腕（图2-4-27①②）。

（2）甲方左脚上步，同时左掌变拳，横击乙方右耳。乙方身体稍后缩（图2-4-27③）。

动作要点：乙方劈掌力达掌外侧，甲方贯耳力达拳背。

图2-4-27 乙掩手劈掌、甲左贯耳

7. 乙绕步砍掌、甲切腕拿

（1）乙方身体右转，右脚向右前方绕步；左手由右手下穿出，拿住甲方左腕，右手仰掌砍击乙头部。甲方顺势微左转（图2-4-28①）。

（2）甲乙左脚、右脚同时连续上三步，随之右脚内扣（图2-4-28②～⑤）。

（3）甲方身体左转，左脚向后撤步，右脚随之后退；左手旋腕拿乙方左腕，右掌外侧下切乙方左腕。乙方左脚上步，身体随势前倾（图2-4-28⑥）。

动作要点：甲乙双方蹚泥步时要配合流畅，甲方缠腕拿有切压顶劲。

图 2-4-28 乙绕步砍掌、甲切腕拿

8. 甲挤靠势、乙右肩靠

(1) 甲方右脚上步，右臂外侧向乙方胸部挤靠，左手附于右腕内侧。乙随势后缩（图 2-4-29①）。

(2) 乙方左脚回撤，两臂交叉向上分开甲方双臂。甲方双手随势双分（图 2-4-29②）。

(3) 乙方右脚上步，右肩向甲方胸部撞靠。甲方随势以右肩顶靠乙方右肩（图 2-4-29③）。

动作要点：甲乙肩靠时需掌握力度，到位即可，以免造成伤害。

图 2-4-29 甲挤靠势、乙右肩靠

9. 甲双分捶、乙双分掌

甲方左脚后撤，右脚滑步成半马步；双手变拳于腹前交叉上举，向左右分开，右拳仰拳劈击乙方头部。乙方左脚后撤，右脚滑步成半马步；双手变掌于腹前交叉上举，向左右分开，右掌向右格拦甲方右手腕（图2-4-30①②）。

动作要点：甲方分捶力达拳背，乙方分掌要有外拨之力。

图 2-4-30　甲双分捶、乙双分掌

10. 甲乙收势：左叶底藏花—右上下掌

（1）甲乙左脚上步外摆，右脚上步内扣；左手后插于背后，右手置于右胸前（图2-4-31①②）。

（2）甲乙左脚外摆，右脚内扣；两臂合于胸前，左掌在上，掌心向下，右掌在下，成左叶底藏花（图2-4-31③④）。

（3）甲乙身体右转，右手经左手仰掌向上穿出，左掌下插于右胯旁，成上下掌（图2-4-31⑤）。

（4）甲乙以上下掌沿圆走转至起始位置（图2-4-31⑥⑦）。

（5）其余动作同一段对打套路（图2-4-31⑧~⑪）。

图 2-4-31 甲乙收势

说明：右式对打与左式动作相同，唯方向相反。

四、拆招

1. 上步探掌拆招

(1) 甲乙相对直立（图2-4-32①）。

(2) 乙方右脚上步，右拳直击甲方胸部。甲方左手搂扣乙方右拳（图2-4-32②）。

(3) 甲方右脚上步，右手从左手上方仰掌穿击乙方喉部（图2-4-32③）。

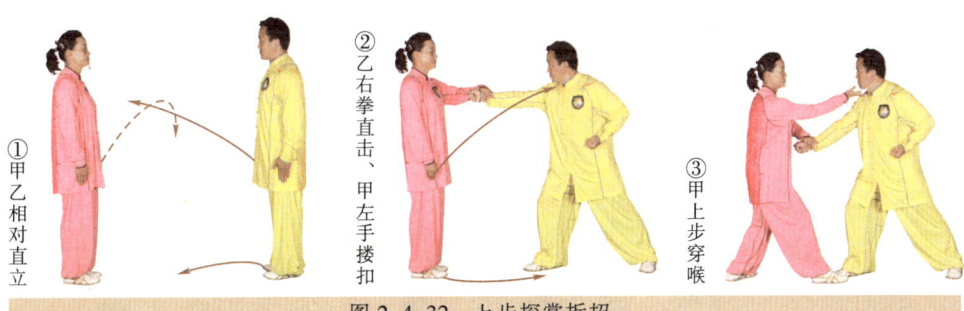

图2-4-32　上步探掌拆招

2. 撞肘拆招

(1) 甲乙相对直立（图2-4-33①）。

(2) 乙方左脚上步，左拳直击甲方胸部。甲左脚上步外摆，左手叼拿乙方左腕（图2-4-33②）。

(3) 甲方右脚上步，右臂屈肘盖压乙方左肘（图2-4-33③）。

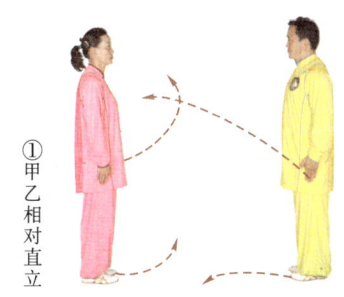

图 2-4-33 撞肘拆招

3. 团撞掌拆招

（1）甲乙相对直立（图 2-4-34①）。

（2）乙方右脚上步，右拳直击甲方胸部。甲方右脚向左侧绕步闪身，右手按压乙方小臂（图 2-4-34②）。

（3）甲方左脚上步，身体右转；双臂屈肘外撑，掌指相对，拇指向下，以团撞掌双掌直击乙方右肩背（图 2-4-34③）。

图 2-4-34 团撞掌拆招

4. 捋手横踹拆招

（1）甲乙相对直立（图 2-4-35①）。

（2）乙方右脚上步，右拳直击甲方胸部。甲方左脚上步，双手抓托乙方右肘（图 2-4-35②）。

（3）甲方双手向右下方捋带乙方右臂，同时右脚横踹乙方右小腿（图 2-4-35③）。

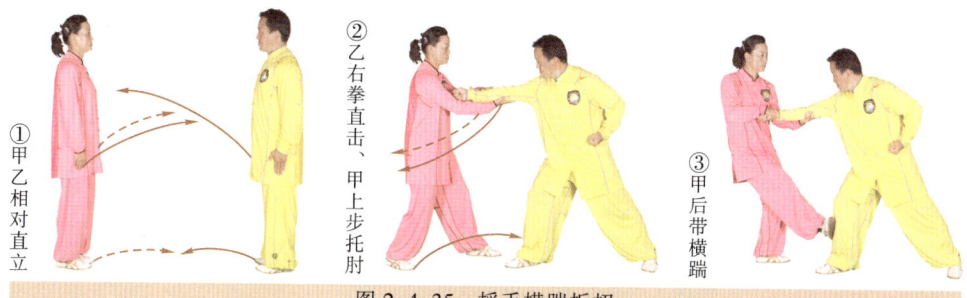

图 2-4-35 捋手横踹拆招

5. 绕步左贯耳拆招

（1）甲乙相对直立（图 2-4-36①）。

（2）乙方右脚上步，右拳直击甲方胸部。甲方右脚向左前方绕步，右手叼拿乙方手腕（图 2-4-36②）。

（3）甲方左脚上步，身体右转；左拳横击乙方右耳部（图 2-4-36③）。

图 2-4-36 绕步左贯耳拆招

6. 切腕拿拆招

（1）甲乙相对直立（图 2-4-37①）。

（2）甲方左脚上步，左拳击打乙方面部。乙方左脚上步，左手反拿甲方右腕（图 2-4-37②）。

（3）甲方右脚上步，左手立掌逆时针旋腕反拿乙方右腕，右掌小指侧下切乙方左腕内侧，随之重心下移，双手后带（图 2-4-37③）。

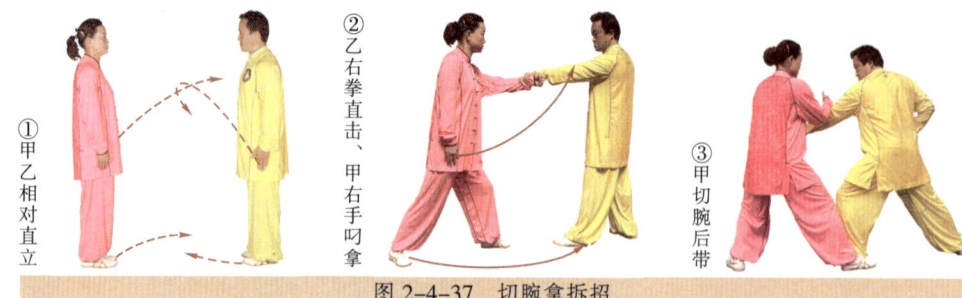

图 2-4-37 切腕拿拆招

7. 右肩靠拆招

（1）甲乙相对直立（图 2-4-38①）。

（2）乙方右脚上步，右拳直击甲方胸部。甲方左脚向左侧上步，右手叼拿乙方右腕后带（图 2-4-38②）。

（3）甲方右脚上步落于乙方右脚外侧，右肩撞击乙方肩部（图 2-4-38③）。

图 2-4-38 右肩靠拆招

8. 双分捶拆招

（1）甲乙相对直立（图 2-4-39①）。

（2）乙方右脚上步，右拳直击甲方胸部。甲方左脚向左侧上步闪身（图 2-4-39②）。

（3）甲方右脚上步成半马步，双拳经上方向左右分开下砸，拳心向上，右拳击打乙方右臂或头部（图 2-4-39③）。

图 2-4-39 双分捶拆招

①甲乙相对直立
②乙右拳直击、甲左闪身
③甲双分下砸

第五节 八卦掌五段技术图解

一、基本形态——献书式（左式）

（1）身体直立，侧对圆心；两手俯掌下按至腹前，两臂弯曲，手尖相对；两膝弯曲（图2-5-1①）。

（2）左脚迈出，身体微左转；左仰掌由右手下伸出向左摆向圆心，塌腕，高与肩齐，右掌左摆于左臂上方，虎口向下（图2-5-1②③）。

①屈膝下按　　②上步穿掌　　③左献书式

图2-5-1　献书式

二、单练套路

以左式动作为例。

（一）动作名称

预备式：并步直立

第一掌					
1	起势	2	上步右直劈	3	右弹踢
4	披身掌	5	鹞子翻身	6	转身右偷心
7	双捧桃	8	猴扑人	9	左搅架
10	飞燕抄水	11	右挤靠		

续表

第二掌					
12	右上穿掌	13	右下格	14	左缠拿
15	左扛肘	16	双撑掌	17	马上开弓
18	右搅架	19	扑面掌	20	猴坠枝
21	右砍掌	22	收势		

(二) 动作分解

预备式：同一段单练套路（图 2-5-2）

1. 起势：左献书式

（1）同一段单练套路（图 2-5-3①~④）。

（2）左脚迈出，身体微左转；左手仰掌向左伸出摆向圆心，塌腕，高与肩齐，右掌左横摆置于左臂上方，虎口向下（图 2-5-3⑤）。

（3）以左献书式沿圆走转至起始位置（图 2-5-3⑥~⑧）。

图 2-5-2 并步直立

①身体右转　②两臂上托　③屈膝下按　④上步穿掌

⑤左献书式　⑥左脚进步　⑦右脚上步　⑧左脚上步

图 2-5-3 起势

2. 上步右直劈

（1）右脚上步内扣，左脚上步外摆；左手向左前搂按，右掌落于右腰间（图2-5-4①②）。

（2）右脚沿圆上步，右手向前直劈，左手附于右手臂下方（图2-5-4③）。

动作要点：直劈指尖向前，力达掌侧。

图2-5-4　上步右直劈

3. 右弹踢

右脚向前弹踢，右掌落于左腋前，左掌上架于头上方（图2-5-5）。

动作要点：弹踢力达脚背。

4. 披身掌

右脚前落，左掌向下盖压，右掌经左臂上方反掌向前摔出，掌心向上，左手附于右肘下（图2-5-6）。

动作要点：右手抖腕反摔，力达掌背。

图2-5-5　右弹踢

图2-5-6　披身掌

5. 鹞子翻身

右脚内扣，左脚插步，身体向左旋转（图2-5-7①②）。

6. 转身右偷心

左脚活步，右脚绕过左脚沿圆上步；左掌上架，掌心斜向前，右手横掌向前推出，大拇指向下（图2-5-8）。

动作要点：横掌推出要有按塌劲。

图2-5-7 鹞子翻身

图2-5-8 转身右偷心

7. 双捧桃

（1）右脚收回并于左脚内侧，两掌向左右分开回带于腹前（图2-5-9①）。

（2）右脚上步，左脚跟进；两手掌根相贴似捧桃状由腹前向前上方切出，高至喉齐，力达掌外沿（图2-5-9②）。

动作要点：双掌同时切出，力达掌外侧。

图2-5-9 双捧桃

8. 猴扑人

（1）右脚收回悬于左脚内侧，两臂左右外分下落，经胸前仰掌上钻，右手在前，左手附于右肘侧（图2-5-10①）。

（2）右脚震脚下落，悬左脚；左掌向前拍出，掌心向前，掌指向上，右掌回按于右胯旁（图2-5-10②）。

动作要点：右脚震脚、悬左脚、左掌拍出要同步。

图 2-5-10　猴扑人

9. 左搅架

（1）左脚外摆前落，身体左转；双手逆时针方向在身体前搅，左手在上，右手在下（图 2-5-11①）。

（2）双手继续沿逆时针方向划圆，右脚提膝的同时左手上穿，右手下落于腹前（图 2-5-11②）。

动作要点：双手搅架要协调。

图 2-5-11　左搅架

10. 飞燕抄水

身体左转，右脚沿圆上步成仆步；左手经胸前下落，右手内旋反仰掌沿右腿下穿，左掌反仰掌向左上方伸出，掌心向上（图 2-5-12）。

动作要点：右脚下落成仆步、右手下穿、左掌向左上方伸出要同步。

11. 右挤靠

重心前移成右弓步，右臂外翻向前穿出的同时身体前靠，左掌按于左胯旁（图 2-5-13）。

动作要点：前靠要用肩臂之力。

图 2-5-12　飞燕抄水

图 2-5-13　右挤靠

12. 右上穿掌

右脚扣步，身体左转成左弓步；右手由左臂内侧直臂前穿，拇指向上，左手右搂后，回带至左胯旁，掌心向下（图 2-5-14）。

动作要点：穿掌力达掌指尖。

13. 右下格

右脚后移，右掌下格，左掌架于头上方（图 2-5-15）。

图 2-5-14　右上穿掌

图 2-5-15　右下格

14. 左缠拿

（1）身体右转，右脚上步外摆；右臂内旋，左臂外旋，双手握拳由左下方向右上方捋起（图 2-5-16①）。

（2）左脚上步，同时双手半握拳向右上方拧裹，右拳在上，左拳在下（图 2-5-16②）。

动作要点：双手拧裹时小臂逆时针旋转，右拳心向下，左拳心向上。

 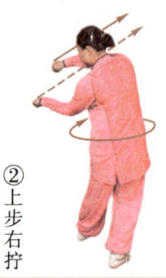

① 外摆双捋　　② 上步右拧

图 2-5-16　左缠拿

15. 左扛肘

身体继续右转，右脚沿圆撤步；双手经头上方向右下方下拧（图 2-5-17 ①②）。

动作要点：左缠拿和左扛肘两个动作连续完成。

① 右转翻身　　② 撤步双拧

图 2-5-17　左扛肘

16. 双撑掌

（1）右脚收至左脚内侧，身体后缩；双拳变掌经上向左右两侧分开，回收至腹前，掌心向下（图 2-5-18①）。

（2）右脚上步的同时两臂外撑，两横掌向前推出，指尖相对，掌心向前（图 2-5-18②）。

动作要点：前撑要力达掌根。

图 2-5-18　双撑掌

17. 马上开弓

（1）右脚回收，脚尖点地；双掌上托（图 2-5-19①）。

（2）右脚进步成半马步，左手上架，右手俯掌横砍，拇指侧向下，掌心斜向下（图 2-5-19②）。

动作要点：右砍掌力达掌外沿。

18. 右搅架

左臂屈肘下落于胸前，右手俯掌，顺时针划一小圈，左手俯掌划至胸前，右手划至右胯侧（图 2-5-20）。

图 2-5-19　马上开弓

图 2-5-20　右搅架

19. 扑面掌

提右膝，右掌经左手上方向前俯掌拍出，左手下按于腹前，掌心向下（图 2-5-21）。

动作要点：右掌拍出要放松，力达指尖。

20. 猴坠枝

右脚后落成三体步，右掌微扣回带于腹前，掌心向下，左掌下按于左膝上方（图 2-5-22）。

动作要点：左掌下按有沉劲，力达掌心。

图 2-5-21　扑面掌

图 2-5-22　猴坠枝

21. 右砍掌

（1）重心上移，左脚外摆；左手向右叨拿，右手至于右胯（图 2-5-23①）。

（2）右脚沿圆上步内扣，右仰掌自右向左横砍，左俯掌回带至左胯（图 2-5-23②）。

动作要点：右砍掌力达掌外沿。

图 2-5-23　右砍掌

22. 收势：左叶底藏花—右献书式

（1）左脚上步外摆，右脚上步内扣；右掌内旋横置于胸前，掌心向前，大拇指一侧向下，左掌反插附于背后，掌心向后，大拇指一侧向上（图 2-5-24①②）。

（2）左脚上步外摆，右脚上步内扣，身体左转，背对圆心；左掌内旋置于右肩，右仰掌外旋后，插至左肘下方成左叶底藏花（图 2-5-24③④）。

（3）身体右转，右侧面向圆心；右手仰掌向右摆出，左手立掌向右摆，成右献书式（图 2-5-24⑤）。

（4）以右献书式沿圆走转至起始位置（图2-5-24⑥⑦）。

（5）其余动作同一段单练套路（图2-5-24⑧~⑪）。

① 左脚摆步　② 右脚扣步　③ 左脚摆步　④ 左叶底藏花

⑤ 右献书式　⑥ 右脚进步　⑦ 左脚上步　⑧ 两臂上托

⑨ 屈膝下按　⑩ 起身直立　⑪ 身体右转

图2-5-24　收势

说明：右式动作与左式动作相同，唯方向相反。

三、对打套路

以左式动作为例。

(一) 动作名称

预备式：并步直立		
	甲（第一掌）	乙（第二掌）
1	起势	起势
2	上步右直劈	右上穿掌
3	右弹踢	右下格
4	披身掌	左缠拿
5	鹞子翻身	左扛肘
6	转身右偷心	双撑掌
7	双捧桃	马上开弓
8	猴扑人	右搅架
9	左搅架	扑面掌
10	飞燕抄水	猴坠枝
11	右挤靠	右砍掌
12	收势	收势

(二) 动作图解

预备式：同一段对打套路（图2-5-25）。

1. 甲乙起势：左献书式

(1) 同一段对打套路（图2-5-26①~④）。

(2) 甲乙左脚迈出，身体微左转；左掌由右手下方向左摆向圆心，指尖向下，右掌左摆置于左臂上方，虎口向下（图2-5-26⑤）。

(3) 甲乙以左献书式沿圆走转至起始位置（图2-5-26⑥~⑧）。

图2-5-25 甲乙并步直立

图 2-5-26 甲乙起势

2. 甲上步右直劈、乙右上穿掌

（1）甲乙右脚上步内扣（图 2-5-27①）。

（2）甲方左脚外摆，右脚上步；左手扣压乙方左手，右手直劈乙方头部。乙方左转后缩（图 2-5-27②）。

（3）乙方左脚左迈步，右掌经甲方右臂外侧穿击拦截，甲随势（图 2-5-27③）。

动作要点：甲方劈掌力达掌外侧，乙方右手穿掌右拨。

图 2-5-27　甲上步右直劈、乙右上穿掌

3. 甲右弹踢、乙右下格

甲方右手俯掌收于左腋前，左手上架，右脚弹踢甲裆部。乙方退右步，右掌向右下拍击甲方右脚面（图 2-5-28）。

动作要点：甲方右脚弹踢力达脚面。

图 2-5-28　甲右弹踢、乙右下格

4. 甲披身掌、乙左缠拿

（1）甲方落右脚，左手下按落于腹前，右手仰掌经左臂内侧反手向前摔击乙方头部。乙方左手拿住甲方右腕，右手托住甲方右小臂（图 2-5-29①）。

（2）乙方右脚上步，双手逆时针方向扭甲方右臂，甲方随势左脚插步，身体左转（图 2-5-29②）。

动作要点：甲方摔掌力达掌背，乙方顺势左转缠拿。

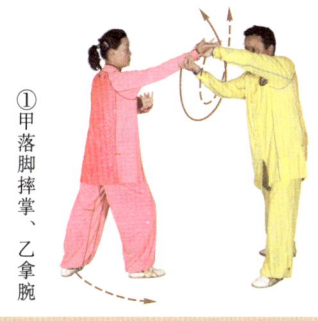 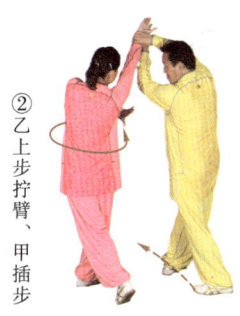

① 甲落脚摔掌、乙拿腕　　②乙上步拧臂、甲插步

图 2-5-29　甲披身掌、乙左缠拿

5. 乙左扛肘、甲鹞子翻身

（1）乙方左脚上步，左肩扛住甲方右肘，双手下搬。甲方顺势身体左转，从右肩臂侧翻身（图 2-5-30①）。

（2）乙方右脚退步，身体右转。甲方随势继续左转，左脚外拧（图 2-5-30②）。

动作要点：乙方不要用力扛甲肘，过渡即可，以免甲方受伤。

①甲左转翻身、乙右转扛肘　　②甲继续转身、乙右转退步

图 2-5-30　乙左扛肘、甲鹞子翻身

6. 甲转身右偷心、乙双撑掌

（1）甲方身体继续左转，右脚并左脚；左手上挑。乙方随势（图 2-5-31①）。

（2）甲方右脚上步，右手横掌直击乙方胸部。乙方左脚撤步，身体后缩；左手向上托甲方右手臂（图 2-5-31②）。

（3）乙方双掌俯掌直击甲方胸部。甲方身体后缩（图 2-5-31③）。

动作要点：乙方双掌推甲方胸部，力达掌根。

图 2-5-31　甲转身右偷心、乙双撑掌

7. 甲双捧桃、乙马上开弓

（1）甲方双手左右分掌下落后，从乙方双掌内侧上钻，分别向下按压乙方双掌。乙方双手随势分开（图 2-5-32①）。

（2）甲方右脚上步，两掌根相贴，似捧桃状，双掌以小指侧向乙方脖颈切出。乙方身体后缩（图 2-5-32②）。

（3）乙方左脚收回，双掌上托甲方双臂。甲方随势（图 2-5-32③）。

（4）乙方右脚上步，身体左转成半马步；左手横架甲方双手，右手俯掌横砍甲方肋部。甲方身体后缩（图 2-5-32④）。

动作要点：甲方双捧掌力达掌外侧，乙方左俯砍掌力达掌外侧。

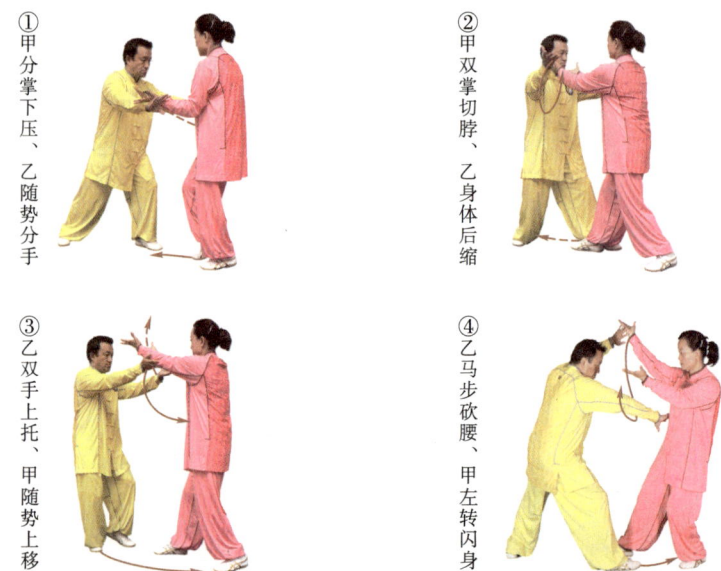

图 2-5-32　甲双捧桃、乙马上开弓

8. 甲猴扑人、乙右搅架

（1）甲方右脚悬起，右手顺时针下落拦截乙方右掌。乙方随势（图2-5-33①）。

（2）甲方右掌反手扣拿乙方右腕，右脚震脚落地，左脚悬起，左掌向前拍击乙方面部。乙方随势（图2-5-33②）。

（3）乙方右手向上划弧抹开甲方左手。甲方左脚前落，左手随势上抬（图2-5-33③）。

动作要点：甲方拍击乙方面部时手腕放松。

图2-5-33 甲猴扑人、乙右搅架

9. 乙扑面掌、甲左搅架

乙方提右膝，左手下按甲方左手，右掌扑击甲方面部。甲方右脚提起，左手随乙方下落后，向上穿格乙方右掌（图2-5-34）。

动作要点：乙方扑面掌力达掌指。

10. 甲飞燕抄水、乙猴坠枝

甲方右脚落于乙方左脚后成仆步，右手反仰掌从乙方身前下穿，左手反仰掌向左伸出，掌心向上。乙方右脚退步，右手抓住甲方手腕，左手按住甲方肩臂向后捋带（图2-5-35）。

动作要点：甲方仆步下穿要有向前穿靠之力，乙方顺势捋带。

图2-5-34 乙扑面掌、甲左搅架　　图2-5-35 甲飞燕抄水、乙猴坠枝

11. 甲右挤靠、乙右砍掌

（1）甲方重心前移成右弓步，身体顺势前靠乙方胸部，右掌外翻成仰掌向前穿出。乙方身体后缩（图 2-5-36①）。

（2）乙方左脚向右绕步，左手由甲方右手下仰掌前穿，右手俯落于腹前。甲方随势（图 2-5-36②）。

（3）乙方右脚上步，右手仰掌自右向前，向甲方颈部砍击。甲方身体左转，右手屈臂向左裹开乙方左掌（图 2-5-36③）。

动作要点：甲方挤靠时肩部要用力前靠。

图 2-5-36　甲右挤靠、乙右砍掌

12. 甲乙收势：左叶底藏花—右献书式

（1）同四段对打套路（图 2-5-37①~④）。

（2）甲乙身体微右转，右掌向右摆出，指尖向下，左掌随向右摆，大拇指向下置于右臂上方成右献书式，以右献书式走转至起始位置（图 2-5-37⑤~⑦）。

（3）其余同一段对打套路（图 2-5-37⑧~⑪）。

图 2-5-37 甲乙收势

说明：右式对打与左式动作相同，唯方向相反。

四、拆招

1. 右直劈拆招

（1）甲乙相对直立（图2-5-38①）。

（2）乙方左脚上步，左拳直击甲方胸部。甲方左手叼拿乙方左腕（图2-5-38②）。

（3）甲方右脚上步，右掌从上向下劈击乙方面部（图2-5-38③）。

图2-5-38　右直劈拆招

2. 右弹踢拆招

（1）甲乙相对直立（图2-5-39①）。

（2）乙方右脚上步，右拳直击甲方腹部。甲方双手向左下方拍击乙方右臂（图2-5-39②）。

（3）甲方右腿弹踢乙方裆部（图2-5-39③）。

图2-5-39　右弹踢拆招

3. 左扛肘拆招

（1）甲乙相对直立（图2-5-40①）。

（2）乙方右脚上步，右拳直击甲方胸部。甲方左脚上步，双手抓住乙方右小臂（图2-5-40②）。

（3）甲方身体右转，双手逆时针方向拧握乙方手臂。乙方随势左翻身（图2-5-40③）。

（4）甲方继续右转，将乙方右小臂拧至左肩，左肩顶住乙方肘关节，双手向下反关节搬拿乙方右小臂（图2-5-40④）。

图2-5-40　左扛肘拆招

4. 双捧桃（双捧掌）拆招

（1）甲乙相对直立（图2-5-41①）。

（2）乙方右脚上步，双掌直推甲方胸部。甲方双手由下向上从乙方双手间上钻，随之左右分开，扣住乙方左右手腕（图2-5-41②）。

（3）甲方右脚上步，双掌掌心向上，小指外侧切击乙方颈部（图2-5-41③）。

图 2-5-41 双捧桃（双捧掌）拆招

5. 马上开弓拆招

（1）甲乙相对直立（图 2-5-42①）。

（2）乙方右脚上步，右拳直击甲方胸部。甲方左掌向左拦击乙方右拳（图 2-5-42②）。

（3）甲方右脚上步成半马步，左手上架乙方右小臂，右俯掌砍击乙方腰部（图 2-5-42③）。

图 2-5-42 马上开弓拆招

6. 猴扑人拆招

（1）甲乙相对直立（图 2-5-43①）。

（2）乙方右脚上步，右拳直击甲方胸部。甲方提右脚，右手叼拿乙方右腕（图 2-5-43②）。

（3）甲方震右脚，提左脚，左掌扑击乙方面部（图 2-5-43③）。

图 2-5-43　猴扑人拆招

7. 飞燕抄水拆招

（1）甲乙相对直立（图 2-5-44①）。

（2）乙方右脚上步，右拳直击甲方胸部。甲方右手拦截乙方右拳（图 2-5-44②）。

（3）甲方身体右转，左脚上步落于乙方身后；左手向乙方身前下插（图 2-5-44③）。

（4）甲方重心前移，右臂外旋，向前靠击乙方（图 2-5-44④）。

图 2-5-44　飞燕抄水拆招

第六节 | 八卦掌六段技术图解

一、单练套路

以左式动作为例。

（一）动作名称

预备式：并步直立					
第一掌					
1	起势	2	上步右侧穿	3	右搂左砍
4	左片旋横砍	5	退步右侧穿	6	捋手砍肋
7	左叼右滚肘	8	左右狮子滚球	9	左拿右片旋
10	左砍肋	11	右穿挑横按	12	左挂顶肘
13	紫燕侧翅	14	左点脚分掌		
第二掌					
15	左架右横斩	16	双穿右靠	17	换步推山
18	插步左贯耳	19.	捋手击面	20	转身推肘
21	右左狮子滚球	22	左搂右穿挑	23	右搂左穿挑
24	搂挑砍	25	双展翅	26	右点脚分掌
27	收势				

（二）动作图解

预备式：同一段单练套路（图2-6-1）。

1. 起势：鸿雁出群—走马观花—走转

（1）同一段单练套路（图2-6-2①~⑤）。

（2）左脚、右脚、左脚依次上步，沿圆走转，身型、手型不变（图2-6-2⑥~⑧）。

图 2-6-1　并步直立

(3)右脚上步内扣,右手仰掌经腰间上托,左掌下按至左胯旁成走马观花式(图2-6-2⑨)。

(4)左脚、右脚依次上步,沿圆走转至起始位置(图2-6-2⑩~⑫)。

图 2-6-2 起势

2. 上步右侧穿

(1)右脚上步内扣,左脚上步外摆;左手叼拿内搂,右手收回至右腰侧(图2-6-3①②)。

(2) 右脚沿圆上步，右手侧掌向前穿出，高与眉齐。目视右掌（图2-6-3③）。

动作要点：左脚摆步与外搂、右脚上步与侧穿要同时完成。

图2-6-3　上步右侧穿

3. 右搂左砍

(1) 右脚向左侧上步外摆同时右手向右下方搂（图2-6-4①）。

(2) 左脚上步，重心稍后坐；左手仰掌横砍，高与颈齐，右掌下落至腰间，掌心向下（图2-6-4②）。

4. 左片旋横砍

左脚退步，右脚上步；左手逆时针片旋仰掌横砍，高与胸齐，右掌经腰间向上划弧架于头顶（图2-6-5）。

图2-6-4　右搂左砍　　　　　图2-6-5　左片旋横砍

5. 退步右侧穿

左脚上步，右脚退步；右掌收回腰侧，以侧掌向前上方穿出，高与喉齐，左俯掌回抹至左腰间（图2-6-6①②）。

动作要点：左右脚掉换步，右手侧掌穿击对方喉部。

图 2-6-6 退步右侧穿　　　　图 2-6-7 捋手砍肋

6. 捋手砍肋

重心右移成右半马步，左手仰掌弧形横砍，高与肋齐，右手俯掌捋回（图 2-6-7）。

7. 左叼右滚肘

左脚向右前方上步外摆，身体左转，下蹲成歇步；左手反腕叼拿拉至左腰侧，右臂屈肘握拳自右向左滚压（图 2-6-8①②）。

动作要点：左右手协调配合，右前臂有外翻、滚压、左移之势。

图 2-6-8 左叼右滚肘

8. 左右狮子滚球

（1）重心上移，右脚上步；右拳变掌，右臂内翻，左臂外旋于体前仰掌前伸，两掌如同抱球（图 2-6-9①）。

（2）左、右脚以蹚泥步行走三步，随之右脚上步内扣（图 2-6-9②~⑤）。

（3）身体左转，左脚上步；左手内翻，右臂外旋，如同抱球（图 2-6-9⑥⑦）。

（4）左、右脚沿弧线顺时针方向以蹚泥步行走四步，随之左脚上步内扣（图 2-6-9⑧~⑪）。

动作要点：以腰为肘带动上肢，要求身法协调、圆活，动作连续、自然、一气呵成。

①上步抱球　②左脚上步　③右脚上步　④左脚上步
⑤右脚扣步　⑥左回身抱球　⑦左脚进步　⑧右脚上步
⑨左脚上步　⑩右脚上步　⑪左脚扣步

图 2-6-9　左右狮子滚球

9. 左拿右片旋

右脚并左脚，左手合于右肘下成叼拿状。右脚上步，右掌逆时针片旋后仰掌向前弧形砍出，左掌翻架于头顶（图 2-6-10①②）。

10. 左砍肋

左脚上步，左手仰掌横砍，高与肋齐，重心稍后坐，右手俯掌内旋后翻腕架于头上（图2-6-11）。

动作要点：上步、架掌、横砍要同时到位。

图2-6-10　左拿右片旋　　　　图2-6-11　左砍肋

11. 右穿挑横按

（1）右脚并左脚，右手仰掌从左肘下前穿（图2-6-12①）。

（2）左脚上步内扣，身体右转成半马步；左手内旋向左下方横按，右手外旋仰掌架于头顶（图2-6-12②）。

图2-6-12　右穿挑横按

12. 左挂顶肘

左脚收回半步，重心后移成左虚步；左手屈肘侧掌上挂于左耳旁，肘尖朝前，右手下按于右胯旁（图2-6-13）。

13. 紫燕侧翅

左脚上半步成低虚步，左手仰掌下插于左膝前，手心向前，四指向下，右手侧掌屈肘置于右耳旁，手心向外，指尖斜向下（图2-6-14）。

动作要点：尽量下蹲后坐，左手挺腕有下压力。

图 2-6-13　左挂顶肘

图 2-6-14　紫燕侧翅

14. 左点脚分掌

（1）身体右转，右脚外摆，左脚并于右脚；两手合肘于胸前（图 2-6-15①）。

（2）身体后仰，左脚向右前上方点击，脚面绷平；两手仰掌向左右两侧穿出分开（图 2-6-15②）。

动作要点：点脚时力点在脚尖，身体尽量后仰，注意保持平衡。

①丁步合肘　　②点脚分掌
图 2-6-15　左点脚分掌

15. 左架右横斩

左脚落步，右臂向内横格，左掌经腰间于右臂下方向前穿出，掌心向上。右脚上步，右手俯横掌以小指侧向前横斩，左手仰掌立肘上架于头顶（图 2-6-16①~③）。

①落步右格　　②提腿左穿　　③左架右斩
图 2-6-16　左架右横斩

16. 双穿右靠

（1）重心后移，右脚并左脚；双掌收回，指尖向前（图2-6-17①）。

（2）重心前移，右脚上步成弓步；右手仰掌向右前上方穿靠，左掌下按于体侧，掌心向下（图2-6-17②）。

动作要点：先穿后靠，右肩尽量前靠。

图2-6-17 双穿右靠

17. 换步推山

右脚后撤并左脚，右手屈肘仰掌回拉。左脚上步，左手立掌向前推出，右仰掌上托，高于头顶（图2-6-18①②）。

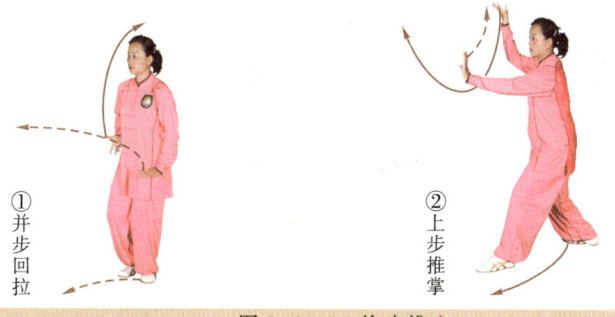

图2-6-18 换步推山

18. 插步左贯耳

（1）右脚插于左脚后，左臂屈肘于面前，掌心斜向上，右手俯掌经左肘下划弧搂出，掌心斜向前（图2-6-19①）。

（2）左脚向左斜上方上步，左手内翻屈肘捋回腰间，随之横贯而出，右手变拳，拉回右腰间（图2-6-19②）。

动作要点：贯耳以左拳眼横击对方太阳穴。

图 2-6-19 插步左贯耳

19. 捋手击面

（1）重心左移为左弓步，身体微左转；左手俯掌回捋变拳收至腰间，右手侧掌向前穿出（图 2-6-20①）。

（2）重心右移成右弓步；左手立拳向前冲出，右手俯掌回捋变拳收至腰间（图 2-6-20②）。

图 2-6-20 捋手击面

20. 转身推肘

（1）左脚上步外摆，左臂外旋经体前，向外搬出（2-6-21①）。

（2）右脚上步内扣，右手仰掌向左前方推出（图 2-6-21②）。

图 2-6-21 转身推肘

21. 右左狮子滚球

（1）身体左转，左脚进步；左拳变掌，左臂内翻架于头上，右手仰掌向前伸出。右脚、左脚依次上步，以趟泥步行走三步，双手如抱球，随身法滚动（图2-6-22①~⑤）。

（2）左脚上步内扣，手随身走。右脚进步，右臂内旋架于头上，左手仰掌向前伸出（图2-6-22⑥⑦）。

（3）左脚、右脚依次上步，以趟泥步行走三步；右掌向上架于头顶，左仰掌向前伸出（图2-6-22⑧~⑪）。

（4）右脚上步内扣（图2-6-22⑫）。

图 2-6-22　右左狮子滚球

22. 左搂右穿挑

身体左转，左脚退步；左仰掌屈肘经左腰向后反插，随之前臂外旋，仰掌自后向前划弧，右手外翻成仰掌，经左臂下方穿挑，左掌置于右肘内侧（图 2-6-23①②）。

图 2-6-23　左搂右穿挑

23. 右搂左穿挑

右脚退步，重心后移成左虚步；右仰掌屈肘经右腰向后反插，随之前臂外旋，仰掌自后向前划弧，左手外翻成仰掌，经右臂下方向前穿挑，右掌置于左肘内侧（图 2-6-24①②）。

图 2-6-24　右搂左穿挑

24. 搂挑砍

（1）左手收于体前后内旋，右臂屈肘，两臂合于胸前。左手俯掌下按于左下方，右掌向右上方架挑（图2-6-25①②）。

（2）左脚进步，重心左移成左弓步；右手仰掌向左前下方斜砍，力达掌外沿，左手屈肘侧立掌置于右肩前（图2-6-25③）。

图2-6-25 搂挑砍

25. 双展翅

身体右转，重心后移成半马步；双掌左右分开成半月形，左掌心向左下，右掌心向右上。目视左手（图2-6-26）。

26. 右点脚分掌

重心移至左脚，右脚并左脚；双手仰掌在胸前相交。双手仰掌向左右分开，上体后仰，右脚面绷平，脚尖向前上点出（图2-6-27①②）。

图2-6-26 双展翅　　图2-6-27 右点脚分掌

27. 收势：青龙转身—左叶底藏花—右鸿雁出群

（1）右脚下落于左脚内侧，双臂保持不变（图2-6-28①）。

（2）左脚外摆，身体左转；左手向后插掌贴于背后，掌心向后，拇指向上，右臂屈肘仰掌放于胸前（图2-6-28②）。

（3）右脚上步内扣，身体左转，身型、手型不变（图2-6-28③）。

（4）左脚外摆，右脚沿圆上步；左手屈肘于胸前，右手仰掌插于左腋下成左叶底藏花（图2-6-28④⑤）。

（5）其余同一段单练套路（图2-6-28⑥~⑫）。

① 右脚落步 　　② 青龙转身 　　③ 右脚内扣

④ 左脚外摆 　　⑤ 叶底藏花 　　⑥ 右鸿雁出群

⑦ 右脚进步 　　⑧ 左脚上步 　　⑨ 两臂上托

⑩下按起身　⑪并步直立　⑫身体后转

图 2-6-28　收势

说明：右式动作与左式动作相同，唯方向相反。

二、对打套路

以左式动作为例。

（一）动作名称

预备式：并步直立

	甲（第一掌）	乙（第二掌）
1	起势	起势
2	上步右侧穿	左架右横斩
3	右搂左砍	双穿右靠
4	左片旋横砍	换步推山
5	退步右侧穿	插步左贯耳
6	捋手砍肋	捋手击面
7	左叼右滚肘	转身推肘
8	左右狮子滚球	右左狮子滚球
9	左拿右片旋	左搂右穿挑
10	左砍肋	右搂左穿挑
11	右穿挑横按	搂挑砍
12	左挂顶肘、紫燕侧翅	双展翅
13	左点脚分掌	右点脚分掌
14	收势	收势

（二）动作图解

预备式：同一段对打套路（图 2-6-29）。

1. 甲乙起势：鸿雁出群—走马观花—沿圆走转

（1）同一段对打套路（图 2-6-30①~⑤）。

（2）甲乙左脚、右脚依次上步，蹚泥步沿圆走转三步（图 2-6-30⑥~⑧）。

（3）甲乙右脚上步内扣，右手回搂于腰间，经左掌上托至头部上方，左俯掌下按于左胯旁（图 2-6-30⑨⑩）。

（4）甲乙左、右脚依次上步，蹚泥步沿圆走转三步，身型、手型不变（图 2-6-30⑪~⑬）。

图 2-6-29　甲乙并步直立

①乙向后转

②甲乙两臂上托

③甲乙屈膝下按

④甲乙上步穿掌

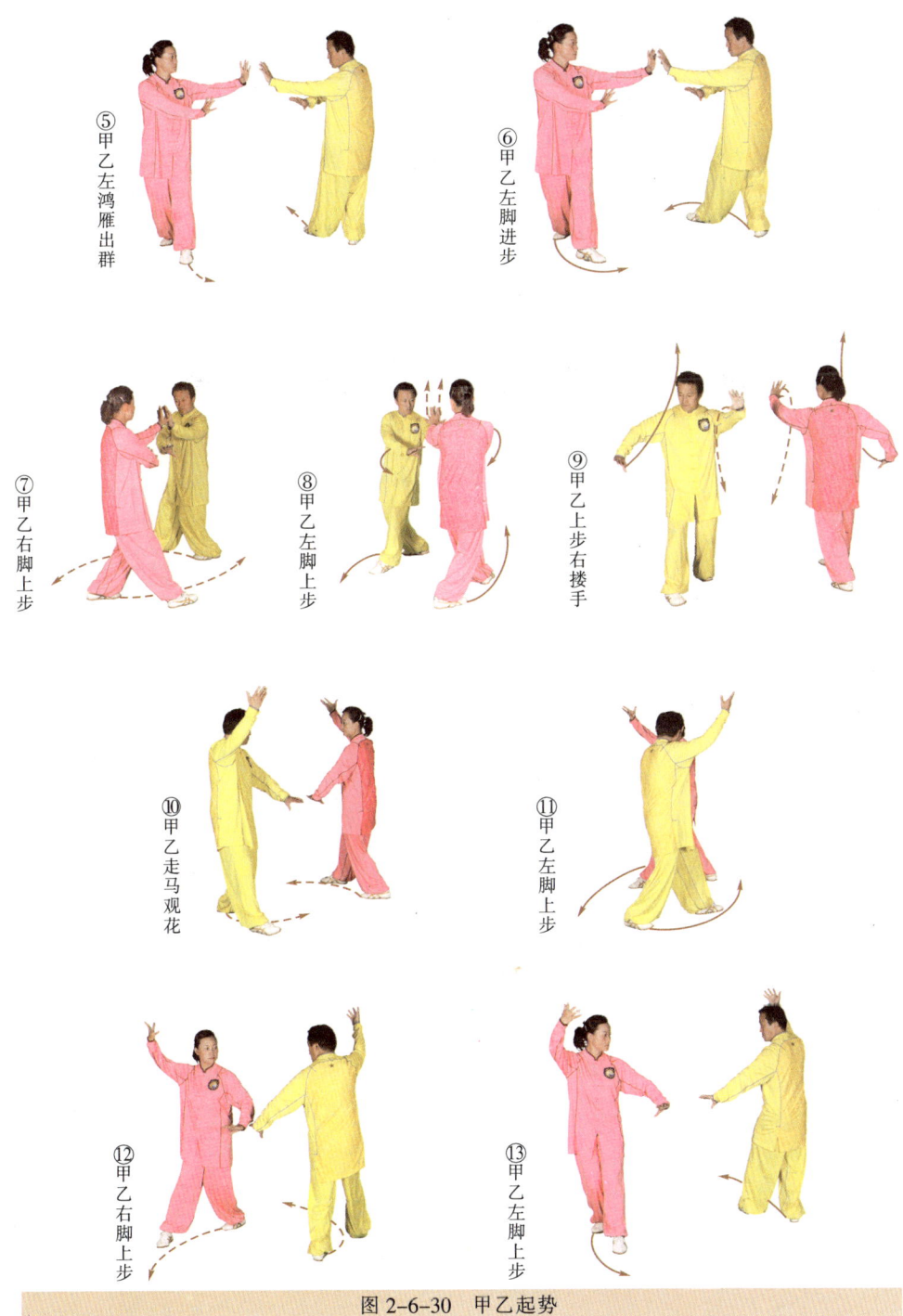

图 2-6-30 甲乙起势

2. 甲上步右侧穿、乙左架右横斩

（1）甲乙右脚上步内扣（图 2-6-31①）。

（2）甲方左脚上步外摆，左手叼搂乙方左腕。乙方随势右转（图 2-6-31②）。

（3）甲方右脚上步，右侧掌穿向乙方眉间。乙方左脚撤步，右手拍击甲方右臂（图 2-6-31③）。

（4）乙方右脚上步，左手侧掌架起甲方穿掌，右手俯横掌以小指侧向前横斩甲方肋部。甲方随势缩身（图 2-6-31④）。

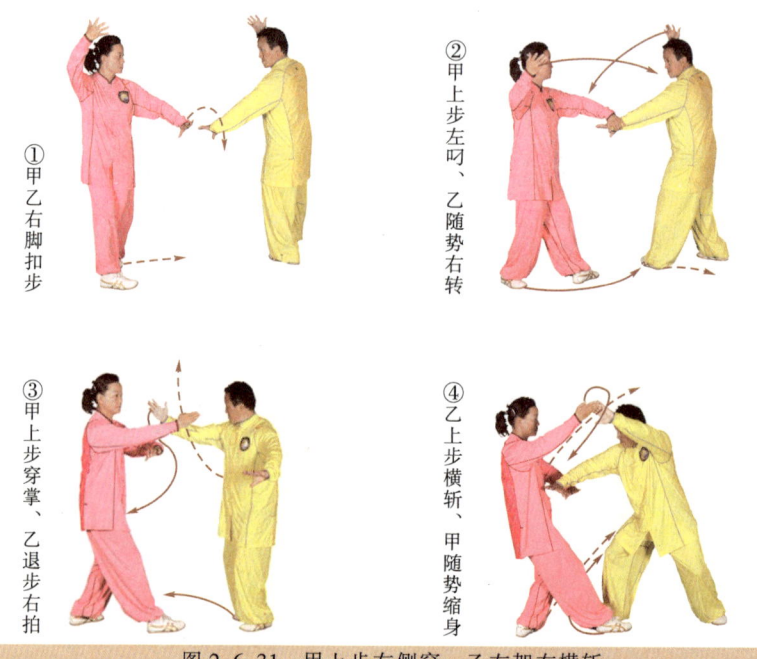

图 2-6-31　甲上步右侧穿、乙左架右横斩

3. 甲右搂左砍、乙双穿右靠

甲方右脚向左侧外摆上步，左脚上步内扣；右手搂乙方右掌，左手仰掌横砍乙方颈部。乙方后缩避让，左脚向左横移，重心前移成右弓步；右手上穿，以右肩靠击甲方（图 2-6-32①②）。

动作要点：甲方左砍时应划弧仰砍，乙方双穿时格挡，同时用靠攻击甲方。

图 2-6-32　甲右搂左砍、乙双穿右靠

4. 甲左片旋横砍、乙换步推山

（1）甲方左脚撤步，右脚上步；右掌俯穿格挡乙方右肘，左手片旋仰掌横砍乙方右肋部。乙方重心微后移（图 2-6-33①）。

（2）乙方右脚撤步并左脚，右手屈肘回拉，仰掌上托甲方左肘。乙方身体右转，左脚上步；左手立掌推击甲方胸部。甲方右脚撤步并左脚，左手搂按乙方右掌（图 2-6-33②③）。

动作要点：甲方片旋时尽量塌腕，手心向上，以顺时针方向划弧横砍；乙方推掌时要有塌按力，力点在掌根。

 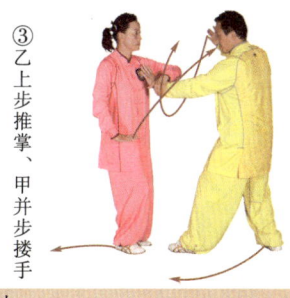

图 2-6-33　甲左片旋横砍、乙换步推山

5. 甲退步右侧穿、乙插步左贯耳

（1）甲方右脚退步成左弓步，右手侧掌上穿，左手俯掌下抹乙方左掌。乙方右脚插于左脚后，右掌抹开甲方右掌（图 2-6-34①）。

（2）乙方左脚向左上步，左手内翻屈肘以拳眼横贯甲方右太阳穴。甲方身体右转躲闪（图 2-6-34②）。

动作要点：甲方仰掌前穿时，虎口叉开，叉击乙方咽喉部；乙方右贯拳力点在拳眼。

图 2-6-34　甲退步右仰穿、乙插步左贯耳

6. 甲捋手砍肋、乙捋手击面

（1）甲方身体右转的同时右手向右后方捋带乙方右拳，左手仰掌自左向右划弧横砍乙方右肋。乙方随之重心左移，左拳收回腰间，拳心向上（图2-6-35①）。

（2）乙方重心右移的同时右手俯掌拨开甲方左手，左手立拳击打甲方面部。甲方重心后移，后坐闪身（图2-6-35②）。

动作要点：甲乙重心随势移动，相互协调配合。

图 2-6-35　甲捋手砍肋、乙捋手击面

7. 甲左叼右滚肘、乙转身推肘

（1）甲方左脚外摆上步，左手反腕叼拿乙方左腕，右手握拳屈肘自右向左滚压乙方左肘。乙方左脚向右上步（图2-6-36①）。

（2）乙方右脚上步，右手拿住甲方左肘，向左前方推击。甲方随势右转（图2-6-36②）。

动作要点：乙方屈肘旋臂化开甲方，转身托推甲方肘部。

图 2-6-36　甲左叼右滚肘、乙转身推肘

8. 甲左右狮子滚球、乙右左狮子滚球

（1）甲方身体右转，乙方身体左转。甲右脚、左脚依次沿弧线逆时针方向向前上步，右俯掌在上，左仰掌在下，如同抱球，第五步右脚上步内扣。乙方左、右脚依次上步，左仰掌上架，右手推甲方左肘，第四步左脚上步内扣（图2-6-37①~⑤）。

（2）甲方身体左转，左脚进步；右掌向左前方穿出，左掌顺时针划弧摆至体左侧。乙方身体右转，右脚进步；左掌推甲方右肘，右掌逆时针划弧摆至体右侧（图2-6-37⑥）。

（3）甲方右脚、左脚依次上步，左俯掌在上，右仰掌在下，如同抱球，第四步左脚上步内扣。乙方左脚、右脚依次上步，右仰掌上架，左手推甲方左肘，第四步右脚上步内扣（图2-6-37⑦~⑩）。

动作要点：甲乙双方一连串动作要边走边完成，中间不能间断，突出身法。

图 2-6-37 甲左右狮子滚球、乙右左狮子滚球

9. 甲左拿右片旋、乙左搂右穿挑

（1）甲方右脚并左脚，左手从右肘下向前上方穿格乙方左腕。乙方左脚并右脚（图 2-6-38①）。

（2）甲方右脚上步，右掌片旋仰掌横砍乙方左肋，左臂内旋，左掌横架于头上。乙方左脚退步，右脚上步，左掌屈腕内翻下搂化开甲方右砍掌，右侧立掌经左肘下向前穿挑，左手俯掌置于右肘（图 2-6-38②）。

动作要点：甲方横砍乙方左肋，重心要低，双方要动作到位，配合默契。

图 2-6-38 甲左拿右片旋、乙左搂右穿挑

10. 甲左砍肋、乙右搂左穿挑

甲方左脚上步，右手反拿乙方右腕并后捋，左手仰掌划弧横砍乙方右肋，右俯掌拉回右肘下。乙方右脚撤步，左掌收回腰间，右掌屈腕内翻回搂化开（图2-6-39）。

动作要点：乙方右搂左穿挑时注意重心左右移动及换步。

图2-6-39 甲左砍肋、乙右搂左穿挑

11. 甲右穿挑横按、乙搂挑砍

（1）甲方右脚并左脚，右手翻腕向上托架乙方左掌。乙方左脚并右脚，左手下压甲方双掌（图2-6-40①）。

（2）甲方左脚上步成马步，左手横按乙方肋部，右掌上挑乙左手，掌心斜向上。乙方左脚上步，右手逆时针回搂甲方左掌，随之仰掌砍击甲方颈部，左手叼拿甲方左腕（图2-6-40②~④）。

动作要点：甲方马步横按时注意扭腰坐胯，重心下沉，配合左手横按。

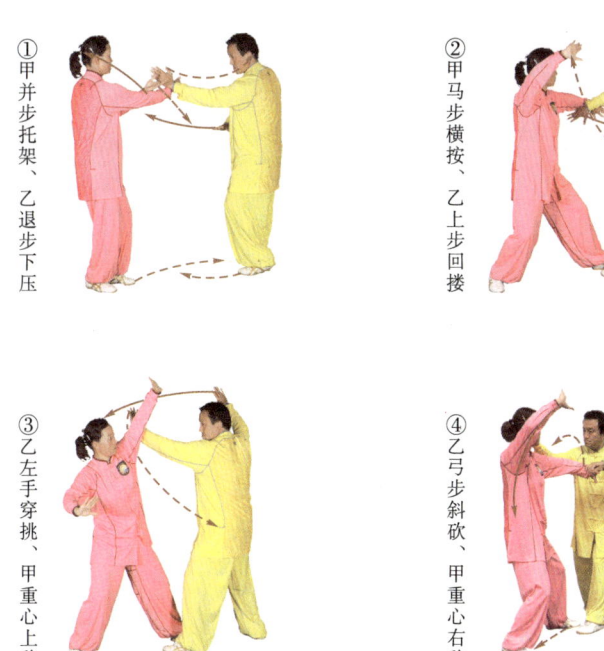

图2-6-40 甲右穿挑横按、乙搂挑砍

12. 甲左挂顶肘、紫燕侧翅，乙双展翅

（1）甲方左脚收于右脚，左手侧掌屈肘上挂乙方右劈掌，右手下按于右胯旁。乙随势后缩（图2-6-41①）。

（2）乙方身体右转，重心下移成半马步；左俯掌向左下横砍甲方腰部，右仰掌置于额前。甲方身体前倾，左掌翻腕下压乙方左掌，手心向前，四指向下，右臂侧掌屈肘摆于右耳旁，手心向外，肘尖朝后上方（图2-6-41②）。

动作要点：甲方左挂时格挡，同时可用肘尖攻击乙方。紫燕侧翅时是低虚步，左手要有翻腕按压之力。

图2-6-41 甲左挂顶肘、紫燕侧翅、乙双展翅

13. 甲左点脚分掌、乙右点脚分掌

（1）甲方左脚并于右脚，乙方右脚并于左脚，同时两掌合于胸前（图2-6-42①）。

（2）乙方右脚面绷平，脚尖向前踢击甲方左腰部；双手仰掌左右上扬。甲方身体后仰，左脚面绷平，脚尖向右前方点戳；左右仰掌分开，目视乙方（图2-6-42②）。

图2-6-42 甲左点脚分掌、乙右点脚分掌

14. 甲乙收势：青龙转身—左叶底藏花—右鸿雁出群

（1）甲乙两脚下落，丁步点于支撑脚内侧（图2-6-43①）。

（2）甲乙左脚外摆上步，右脚上步内扣；右掌置于胸前，掌心向前，拇指一侧向下，左掌附于背后，掌心向后，拇指一侧向上（图2-6-43②③）。

（3）甲乙左脚上步外摆，右脚上步内扣身体左转；左臂内翻，掌心向下，右臂外翻，掌心向上，两臂合抱于胸前成左叶底藏花（图2-6-43④⑤）。

（4）甲乙身体右转，右手划弧至圆心方向，左手仰掌置于右肘，右手摆至与头高时，两手内翻，塌腕下按成鸿雁出群（图2-6-43⑥）。

（5）其余动作同一段对打套路（图2-6-43⑦~⑪）。

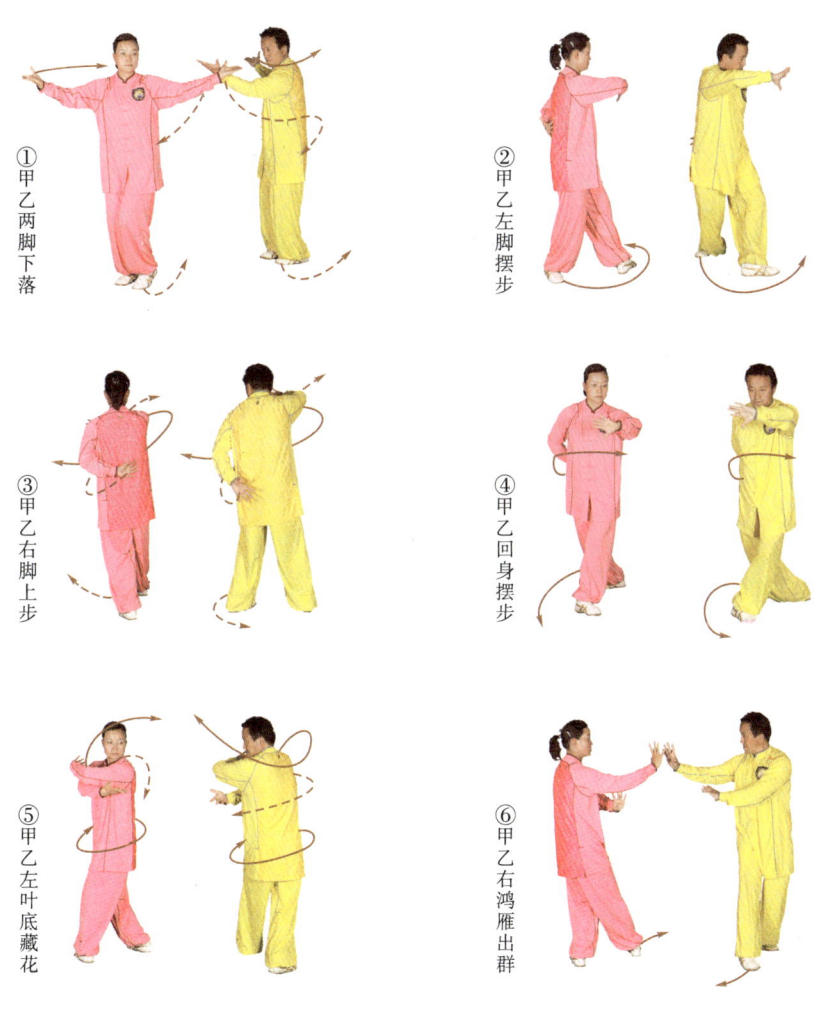

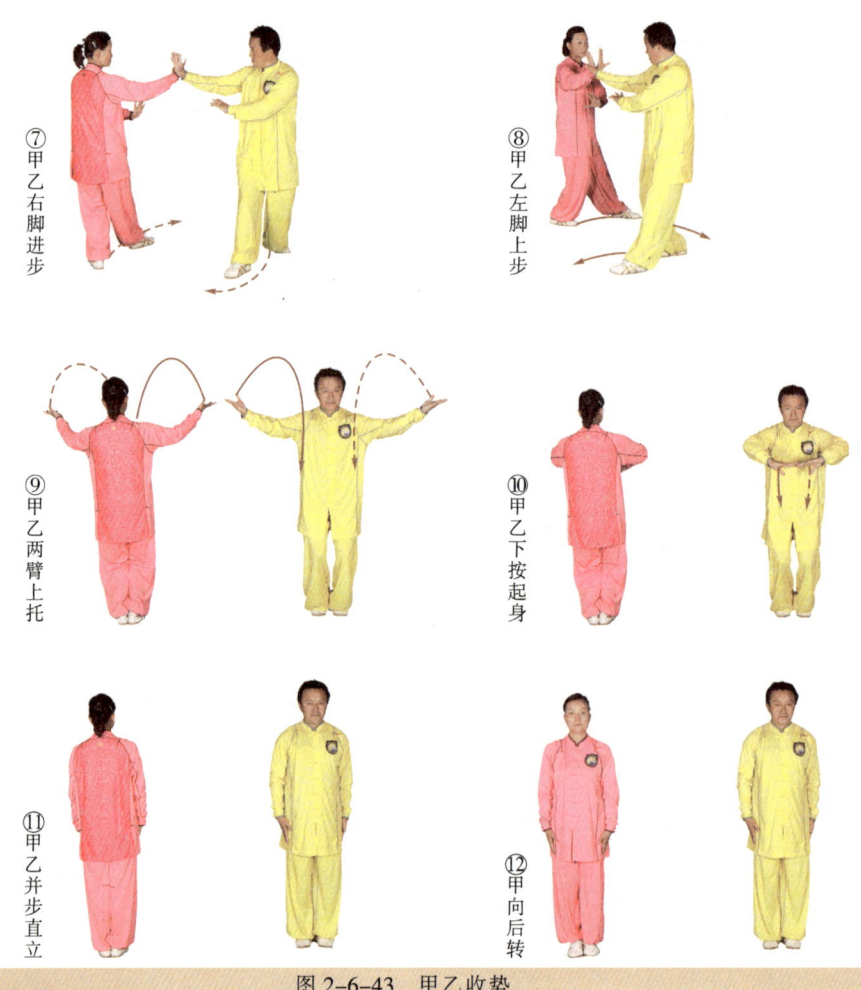

图 2-6-43 甲乙收势

说明：右式对打与左式动作相同，唯方向相反。

三、拆招

1. 右拿左砍拆招

（1）甲乙相对直立（图 2-6-44①）。

（2）乙方右脚上步成弓步，右拳击打甲方胸部。甲方右脚向左前方上步外摆，右手叼拿乙方右手（图 2-6-44②）。

（3）甲方左脚上步，左手仰掌横砍乙方颈部（图 2-6-44③）。

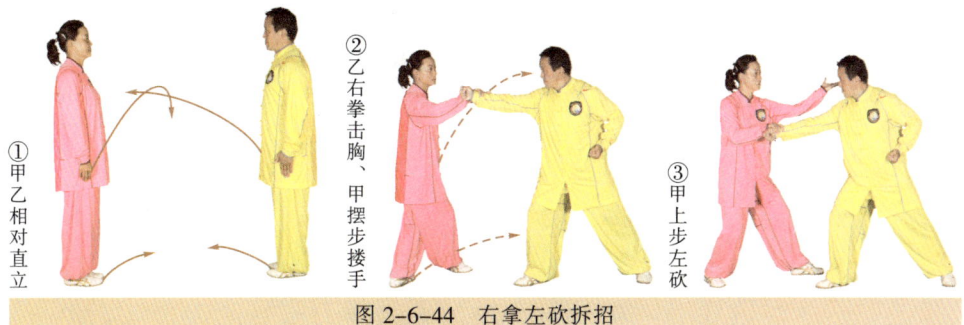

图 2-6-44　右拿左砍拆招

2. 左片旋横砍拆招

（1）甲乙相对直立（图 2-6-45①）。

（2）乙方右脚上步，右拳击打甲方面部。甲方右脚上步；右掌向前穿格乙方右手，反手叼拿乙方右腕，左手片旋仰掌横砍乙肋部（图 2-6-45②③）。

图 2-6-45　左片旋横砍拆招

3. 右叼左滚肘拆招

（1）甲乙相对直立（图 2-6-46①）。

（2）乙方右脚上步，右拳击打甲方胸部。甲方右脚上步外摆，右手反腕叼拿乙方右手（图 2-6-46②）。

（3）甲方左手握拳屈肘，前臂外翻，自左向右滚压乙方右肘（图 2-6-46③）。

图 2-6-46 右叼左滚肘拆招

4. 右穿挑横按拆招

（1）甲乙相对直立（图 2-6-47①）。

（2）乙方右脚上步，右拳击打甲方面部。甲方右脚上步，右手翻腕向上穿格乙方右腕（图 2-6-47②）。

（3）甲方左脚上步，身体右转成半马步；右手翻腕上架，左手内翻向左下方横按乙方肋部（图 2-6-47③）。

图 2-6-47 右穿挑横按拆招

5. 左架右横斩拆招

（1）甲乙相对直立（图 2-6-48①）。

（2）乙方右脚上步，右掌穿击甲面部。甲方右掌向左格拦乙方右掌（图 2-6-48②）。

（3）甲方右脚上步，左掌上穿架住乙方右臂，右手俯横掌以小指侧向前横斩乙方肋部（图 2-6-48③）。

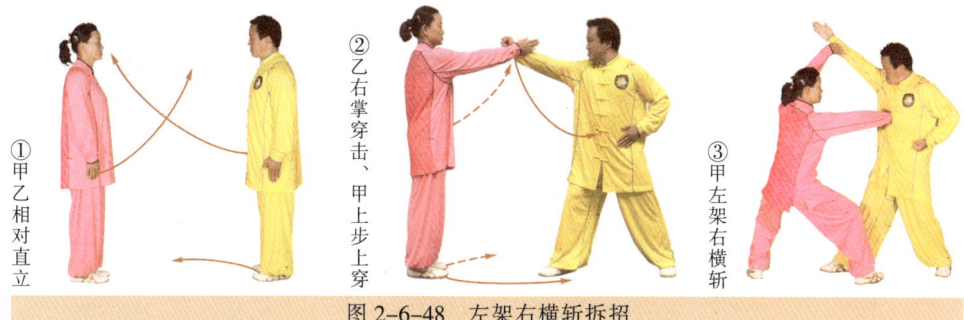

图 2-6-48 左架右横斩拆招

6. 双穿右靠拆招

（1）甲乙相对直立（图 2-6-49①）。

（2）乙方右脚上步，右掌穿击甲方面部。甲方左脚上步，左侧掌穿格乙方右掌（图 2-6-49②）。

（3）甲方右脚上半步，落于乙方两脚间，重心前移；右肩前挤靠乙方胸部（图 2-6-49③）。

图 2-6-49 双穿右靠拆招

7. 插步左贯耳拆招

（1）甲乙相对直立（图 2-6-50①）。

（2）乙方右脚上步，右掌穿击甲方面部。甲方右脚插于左脚后，右掌反腕叼拿乙方右腕，左拳滚压乙方右前臂（图 2-6-50②）。

（3）甲方左脚向左前上步，左手握拳内翻屈肘顺时针划平圆，横贯乙方太阳穴（图 2-6-50③）。

图 2-6-50　插步左贯耳拆招

8. 左搂右穿挑拆招

（1）甲乙相对直立（图 2-6-51①）。

（2）乙方右脚上步，右仰掌横砍甲方左肋部。甲方左脚上步，左掌屈腕内翻回搂化开乙方砍掌（图 2-6-51②）。

（3）甲方右脚上步，右侧立掌向前穿挑乙方面部，左俯掌拉回右肘下（图 2-6-51③）。

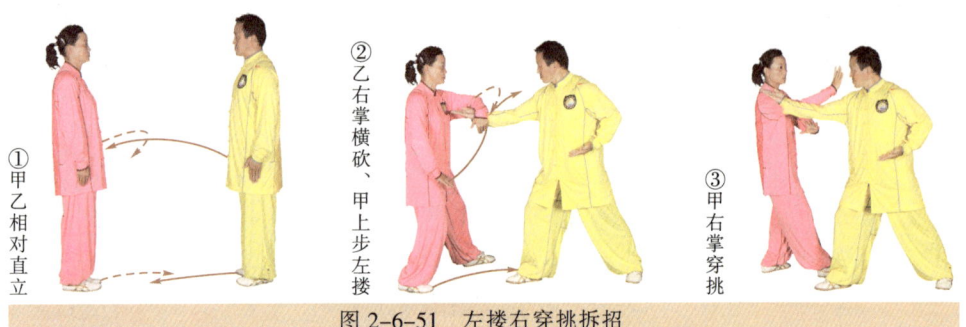

图 2-6-51　左搂右穿挑拆招

9. 搂挑砍拆招

（1）甲乙相对直立（图 2-6-52①）。

（2）乙方左脚上步，左仰掌横砍甲方右颈部。甲方右脚上步，左脚并右脚；右手内翻搂压乙方左掌，左手仰掌屈肘向左上穿挑（图 2-6-52②③）。

（3）甲方左脚上步成左弓步，左手下按乙方左腕，右手仰掌斜砍乙方左颈（图 2-6-52④）。

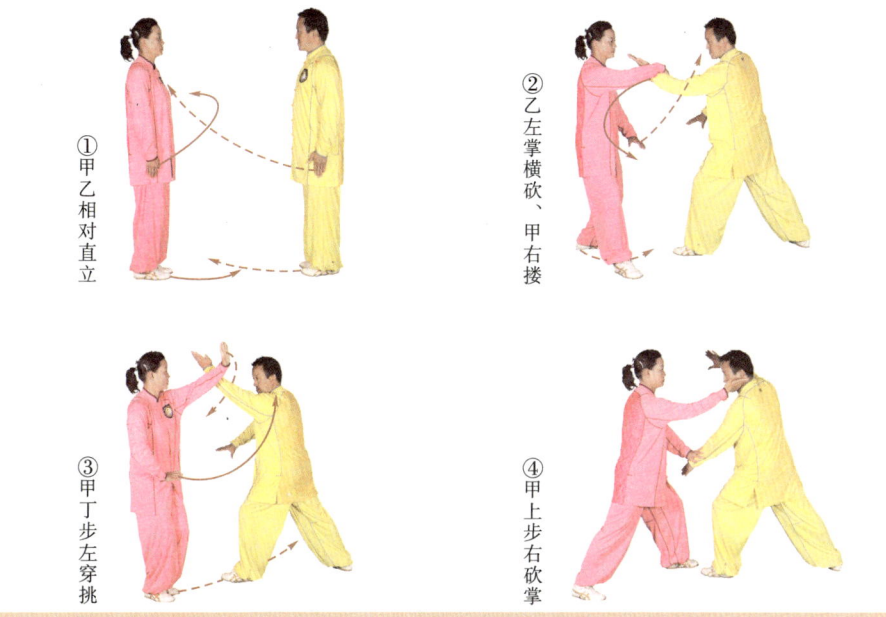

图 2-6-52 搂挑砍拆招

10. 左戳脚分掌拆招

（1）甲乙相对直立（图 2-6-53①）。

（2）乙方右脚上步，右拳直击甲方面部。甲方双手在胸前相交，格架乙方右手（图 2-6-53②）。

（3）甲方重心移至右脚，双手仰掌左右分开，左脚面绷平，脚尖向前踢击乙方胸部（图 2-6-53③）。

图 2-6-53 左戳脚分掌拆招

附录

《中国武术段位制系列教程》支持单位和试点推广单位

一、支持单位

(一) 武术协会（排名不分先后）

北京市武术协会	河南省武术协会
天津市武术协会	湖北省武术协会
河北省武术协会	湖南省武术协会
山西省武术协会	广东省武术协会
内蒙古自治区武术协会	广西壮族自治区武术协会
辽宁省武术协会	海南省武术协会
吉林省武术协会	重庆市武术协会
黑龙江省武术协会	四川省武术协会
上海市武术协会	贵州省武术协会
江苏省武术协会	云南省武术协会
浙江省武术协会	陕西省武术协会
安徽省武术协会	甘肃省武术协会
福建省武术协会	青海省武术协会
江西省武术协会	宁夏回族自治区武术协会
山东省武术协会	新疆维吾尔自治区武术协会

(二) 高等学校（排名不分先后）

华北地区

北京体育大学	北京师范大学
首都体育学院	河北师范大学
天津体育学院	山西师范大学

河北体育学院　　　　　　　　　　山西大学

华东地区

上海体育学院　　　　　　　　　　浙江大学
山东体育学院　　　　　　　　　　苏州大学
南京体育学院　　　　　　　　　　山东师范大学
徐州师范大学　　　　　　　　　　菏泽学院
杭州师范大学　　　　　　　　　　扬州大学

华中地区

武汉体育学院　　　　　　　　　　湖北大学
河南大学　　　　　　　　　　　　郑州大学
黄河科技大学　　　　　　　　　　安阳师范学院
洛阳师范学院　　　　　　　　　　阜阳师范学院

东北地区

沈阳体育学院　　　　　　　　　　哈尔滨师范大学
吉林体育学院　　　　　　　　　　东北师范大学
哈尔滨体育学院

西南地区

成都体育学院　　　　　　　　　　重庆大学
四川师范大学　　　　　　　　　　云南警官大学
重庆师范大学　　　　　　　　　　云南师范大学

西北地区

西安体育学院　　　　　　　　　　新疆师范大学
青海民族学院

华南地区

广州体育学院　　　　　　　　　　集美大学
海南师范大学　　　　　　　　　　厦门大学

二、试点推广单位（排名不分先后）

华 北 地 区

小 学

北京大学附属小学　　　　　　北京市中关村第三小学
太原小店区坞城北张小学　　　北京市建华实验学校

中 学

中国人民大学附属中学　　　　北京市八一中学
太原成成中学　　　　　　　　石家庄市第十七中学
石家庄市第五十四中学　　　　河北省唐山市稻地镇中学

大 学

河北师范大学　　　　　　　　河北体育学院
北京体育大学　　　　　　　　山西大学
忻州师范学院　　　　　　　　首都体育学院

东 北 地 区

小 学

哈尔滨宣庆小学　　　　　　　锦州市平和小学
长春市南关区东二小学

中 学

哈尔滨市第七十中学　　　　　哈尔滨市第十九中学
盘锦市高级中学　　　　　　　长春市第九中学
沈阳市东湖学校　　　　　　　吉林市莲花学校

大 学

黑龙江大学　　　　　　　　　哈尔滨体育学院
沈阳体育学院　　　　　　　　中国医科大学
吉林工商学院　　　　　　　　吉林体育学院

西 北 地 区

小 学

兰州市城关区金塔路小学　　　陕西省西安市东羊市小学

西安市大学南路小学　　　　　　　西安市安宁区万里小学

中　学

兰州交通大学东方中学　　　　　　西安市第八十六中学
西安市第七十五中学

大　学

兰州大学　　　　　　　　　　　　西北师范大学
西安体育学院　　　　　　　　　　陕西师范大学
西安财经学院

西 南 地 区

小　学

云南师范大学附属小学　　　　　　成都三原外国语学校附属小学
成都市花圃路小学

中　学

云南师范大学实验中学　　　　　　成都市高新区实验中学
四川省泸州市泸县九中

大　学

云南警官学院　　　　　　　　　　云南师范大学
云南民族大学　　　　　　　　　　西南民族大学
四川师范大学　　　　　　　　　　成都体育学院
成都大学

华 东 地 区

小　学

济南市市中区罗而小学　　　　　　厦门市集美乐安小学
浙江省义乌市大陈小学　　　　　　上海市观澜小学

中　学

山东师范大学附属中学　　　　　　浙江省义乌市后宅中学
杭州服装职业高级中学　　　　　　上海市长江第二中学
同济大学附属七一中学　　　　　　济南外国语学校

大　学

山东师范大学　　　　　　　　　　山东体育学院

浙江教育学院	苏州大学
南京体育学院	复旦大学
上海体育学院	

华 中 地 区

小　学

河南省郑州市育红小学	开封市文昌小学
武汉市广埠屯小学	肥西县实验小学

中　学

洛阳东升第三中学	中牟县第一高级中学
河南省实验中学	湖北省十堰市第二中学
湖北省随州市第一中学	

大　学

河南大学	郑州大学
武汉理工大学	武汉体育学院

华 南 地 区

小　学

广州市天河区华成小学	广东省佛山市顺德龙江实验小学
连江县教师进修学校第二附属小学	

中　学

泉州剑影武术学校	厦门华侨中学
广东实验中学顺德学校	广州市天荣中学
广州市东圃中学	广东省南海九江职业学校

大　学

深圳职业技术学院	广东外语外贸大学
广东白云学院	广州大学
广州体育学院	厦门大学
集美大学	

郑 重 声 明

高等教育出版社依法对本书享有专有出版权。任何未经许可的复制、销售行为均违反《中华人民共和国著作权法》，其行为人将承担相应的民事责任和行政责任，构成犯罪的，将被依法追究刑事责任。为了维护市场秩序，保护读者的合法权益，避免读者误用盗版书造成不良后果，我社将配合行政执法部门和司法机关对违法犯罪的单位和个人给予严厉打击。社会各界人士如发现上述侵权行为，希望及时举报，本社将奖励举报有功人员。

反盗版举报电话： (010) 58581897/58581896/58581879

传　　　真： (010) 82086060

E – mail: dd@hep.com.cn

通信地址：北京市西城区德外大街 4 号
　　　　　高等教育出版社打击盗版办公室

邮　　编：100120

购书请拨打电话： (010) 58582135　58582141

图书在版编目（CIP）数据

八卦掌 / 国家体育总局武术研究院组编. —北京：高等教育出版社，2011.1

中国武术段位制系列教程

ISBN 978-7-04-025832-5

Ⅰ.①八… Ⅱ.①国… Ⅲ.①八卦掌–套路(武术)–教材 Ⅳ.①G852.16

中国版本图书馆CIP数据核字(2010)第251388号

中国武术段位制系列教程

八卦掌

国家体育总局武术研究院　组编

出版发行	高等教育出版社
社　　址	北京市西城区德外大街4号
邮政编码	100120
购书热线	010-58582141
网　　址	http://www.hep.com.cn
	http://www.wushuschool.net
印　　刷	涿州市星河印刷有限公司
开　　本	787×960　1/16
印　　张	10
字　　数	160千字
版　　次	2011年1月第1版
印　　次	2011年1月第1次印刷
定　　价	46.80元（含光盘2张）

策划编辑　曹京华
责任编辑　曹京华　易星辛
责任校对　杨凤玲
责任印制　朱学忠
封面设计　壹点印象
版面制作　韩璐儿

本书如有缺页、倒页、脱页等质量问题，请到所购图书销售部门联系调换。

版权所有　侵权必究

物料号　25832-00

中国武术段位制系列教程
Textbook Series of Chinese Wushu Duanwei System